KB219371

부활

죽음의 두려움이 영원한 소망으로 바뀌는 시간

부활

이용규 · 김상철

규장

부활하신 주님과
동행하자

예수님이 부활하신 날의 분위기는 한결같이 놀람과 충격이었다. 그러나 오늘날 부활절 예배 분위기는 너무나 다르다. 전 세계적으로 십자가의 고난을 기념하는 행사는 장엄하고 감동적이다. 하지만 부활은 다르다. 긴 고난주간에 비해 짧은 부활절이다. 세상도 성탄절에는 떠들썩하지만 부활절에는 조용하다.

그러나 초대교회는 달랐다. 당시는 성탄절이 없었다. 초대교회가 전한 복음의 핵심은 '부활'이었다. 그 증거로 우리는 부활의 날인 주일에 예배를 드린다. 신약 시대 교회 공동체는 '부활절 공동체'(Easter Community)였다.

우리는 예수님의 부활에 대한 놀라움을 되찾아야 한다. 이는 극심한 영적, 도덕적 무기력에 시달리는 한국교회에 가장 시급히 필요하다. 우리의 부활절 예배에 충격과 감동이 없는 것은 예수님의 부활을 믿지 못하기 때문이 아니다. 부활하신 주님을 바라보지 못하고 그분과 동행하지 못하기 때문이다.

예수님이 부활하셨을 때도 믿지 못하는 제자들이 있었다. 대표적인 사람이 도마였다. 그에게 예수님이 나타나셨다. 예수님 앞에 무릎을 꿇고 "나의 주님이시요 나의 하나님이시니이다"라고 고백하는 도마에게 주님은 "너는 나를 본 고로 믿느냐 보지 못하고 믿는 자들은 복되도다"라고 말씀하셨다.

주님은 의심 많은 도마를 버리지 않으셨다. 핍박하던 사울도 만나주셨다. 귀신 들렸던 막달라 마리아가 부활의 첫 증인으로 택함을 받았다. 이는 우리 모두가 부활의 증인이 될 수 있다는 것이다.

이 책은 2019년 12월 25일 MBC에서 방영된 성탄 특집다큐멘터리 〈부활〉(연출 김상철)의 제작 과정에 대한 기록이다. 이용규 선교사와 김상철 목사는 사도 도마와 사도 바울의 순교 현장을 찾아 그들이 죽임을 당하면서까지 전했던 복음이 왜 지금까지 소멸되지 않고 전파되는지 추적했다.

그러면서 세상을 향해 기독교의 본질이 무엇인지 알리고자 했다. 바로 '부활'이다. 이 책에는 실제로 부활의 증인을 만난 과정이 감동적으로 기록되어 있다. 전염병으로 죽음의 공포가 횡포를 부리는 이때, 하나님께서 우리에게 '부활' 책과 영화를 주신 이유가 있으리라고 생각한다.

제자들은 예수님의 죽음과 그 죽음을 넘어서는 부활을 보고 서야 변화되었다. 세상의 유혹을 이기고, 죽음의 공포를 넘어설 수 있었다. 우리도 마찬가지다. 부활에 대한 분명한 확신 없이 십자가를 지는 삶은 불가능하다.

부활을 확실히 믿었던 제자들 모두 순교했다. 예수님이 잡히 시던 때에 그들 모두 도망갔고, 베드로는 배신까지 했지만 부활 을 목격한 후에는 전부 죽음의 길로 걸어갔다. 만약 부활이 일어 나지 않았다면 그들은 뿔뿔이 흩어졌을 것이다.

초대교회 성도들은 '로마의 화려함과 카타콤 중 어느 세계를 선택해야 하는가?'라는 질문 앞에서 부활 없는 화려함보다는 부 활과 함께하는 어둠을 택했다. 그것이 가장 좋은 선택이라는 게 믿어졌기 때문이다. 부활이다.

이 책에 언급된 부활의 증인들의 스토리가 매우 감동적이다. 특히 웩(WEC, Worldwide Evangelization for Christ) 선교사인 엘리 엇 테퍼와 헬렌 로즈비어의 이야기가 깊은 울림을 준다. 부활을 믿는 그리스도인의 삶은 여러 면에서 일반적인 삶과 구별된다. 이는 부활이 강조하는 또 하나의 영역이다.

순교에는 '적색 순교'와 '백색 순교'가 있다고 한다. 적색 순교는 피를 흘리는 순교이고, 백색 순교는 날마다 자기를 쳐서 복종시키는 삶을 말한다. 오늘날 적색 순교는 많지 않다. 특히 우리나라에는 신앙의 자유가 있다. 그렇다면 우리는 순교의 삶을 살 수 없는가? 그렇지 않다. 바울처럼 매일 자신과의 싸움에서 이기며 예수님을 따라가는 백색 순교의 삶을 살 수 있다.

우리에게 부활은 단순히 다시 살거나 영원히 사는 게 아니라 하나님과의 연합된 관계 안에서 영원히 함께 거하는 것이다. 그래서 부활은 죽음 이후에 경험하는 게 아니라 이 땅에서 연습하며 살아가는 과정을 포함한다. 이 책을 읽는 모든 이들이 진정한 부활 신앙을 가지고 부활의 증인들이 되기를 기도한다.

유기성 목사 선한목자교회 담임

인트로

끝에 대해서

|

이용규

지금 이 글을 쓰고 있는 시기, 한국을 포함한 전 세계에 코로나19 바이러스로 인한 두려움이 덮치고 있음을 본다. 그 두려움은 크게 두 가지인 것 같다. 앞으로 있을 불편함에 대한 것과 더 나아가 급히 다가올지 모르는 죽음의 위협에 대한 것이다.

어느 때보다 죽음에 대한 공포가 사람들을 움츠러들게 하고, 관계로부터 스스로를 고립시키고, 피해의식을 갖게 하며, 누군가를 비난하게 만들고 있다. 결국 우리의 관계를 파괴한다. 어찌 보면 바이러스보다 더 치명적인 영적 바이러스이다. 이를 지혜롭게 극복할 때 우리는 새로운 관계로 자라난다.

죽음을 이기는 궁극적인 방법은 조심해서 오래 사는 게 아니다. 아무리 오래 살아도 끝은 존재한다. 죽음 이후 우리에게 있을 새로운 삶에 대한 소망을 가지고 죽음의 공포를 대면하며, 잘 죽을 수 있도록 준비하며 사는 게 답이다. 죽음의 공포가 횡포를 부리는 이때, 하나님께서 우리에게 '부활' 영화와 책을 주신 이유가 있으리라는 생각이 든다.

인생의 끝에 무엇이 기다리고 있을지 생각하는 건 우리를 지혜롭게 한다. 노인의 삶이 청년의 삶보다 지혜로울 수 있는 이유이기도 하다. 이미 한 단계를 넘어 지나온 인생길을 되돌아보는 건, 아직 가보지 못한 길에 대한 두려움으로 닥칠 일을 바라보는 것보다 쉽다.

예를 들어, 아이를 한 번 가져본 엄마는 둘째 아이의 출산을 앞두고 좀 더 긴 호흡으로 여유를 갖고 임할 수 있다. 그 길을 다시 걸을 때 앞서 체득한 경험과 확신이 주는 지혜와 새로운 관점이 있기 때문이다. 그래서 첫아이를 품은 예비 엄마는 출산과 양육을 경험한 엄마의 이야기를 귀담아듣는다.

내 아내의 경우, 함께 미국에서 유학하던 시절에 미국 병원에서 첫아이를 출산했다. 그래서 산후조리를 제대로 하지 못해 산후풍을 겪었다. 둘째를 출산할 즈음에 '이제라도 산후조리를 잘하면 예전의 산후풍이 없어진다'라는 말을 새겨듣고 출산 후 조리에 각별히 조심했다.

그런데 '죽음'의 문제는 누구에게서도 경험을 들을 수 없다. 죽음만큼은 다시 기회를 얻어 이전의 실수를 만회할 수 없다. 죽음은 우리에게 영원한 일단락(一段落)을 선사한다.

죽음이 주는 두려움과 경외감을 가지되 그 너머에서 우리를 기다리는 것을 바라보는 게 인생의 가장 특별한 지혜이다. 그래서 전도자는 말한다.

> 지혜자의 마음은 초상집에 있으되 우매한 자의 마음은 혼인집에 있느니라 전 7:4

죽음 또는 인생의 끝을 준비하며 사는 사람은 가장 중요한 한 가지에 집중한다. 예수님이 담대하고 자유하면서도 초점을 잃지 않고 공생애 시기를 보내실 수 있었던 이유는, 인생의 끝에 무엇이 기다리는지 보셨기 때문이다. 예수님은 인생의 끝인 죽음의 실체가 무엇인지 알고 계셨다.

예수님을 따르는 사람에게 주어지는 선물은 바로 예수님이 바라보신 죽음과 그 너머에 대한 인식을 내려받는 것이다. 사람이 경건하고 겸손하게 자신의 죽음과 한계를 인식하면 자신의 위치를 깨닫고 그 삶의 주관자의 실재(實在)를 인정하게 된다.

예수님 생전에 제자들은 그분이 누구시며, 어떤 사명으로 이 땅에 오셨는지 이해하지 못했다. 예수님으로부터 여러 번 들었지만 이해할 수 없었다. 그래서 제자 중 대부분이 예수님을 '정치적으로 이스라엘을 독립시키고 다윗 왕의 영광의 때를 회복시킬 메시아'로만 인식했다.

자신들이 가진 열망의 프레임 안에 예수님의 말씀을 담으려 했기에 그분의 실체를 받아들이고 이해할 수 없었다. 예수님에 대한 이해가 바뀌고 자신들의 삶의 의미가 바뀐 건 그분의 죽음 이후에 경험한 놀라운 기적들을 통해서였다.

예수님의 죽음과 그 죽음을 넘어서는 승리를 보고서야 그들은 변화했다. 세상의 유혹을 이기고, 죽음의 공포를 넘어설 수 있었다. 예수님이 죽음 이후의 삶을 보여주시자 그들은 그 삶을 바라보며 살기 시작했다. 새로운 삶을 기대하고 바라는 만큼 그들의 현실의 삶도 바뀌었다. 우리도 마찬가지이다. 삶의 끝에 기다리는 것을 명확히 알 때, 목표가 분명하고 선명해진다.

선교지에 있으면서 참 안타까운 것 중 하나는 한국교회가 끝을 생각하며 사역하지 못하는 것을 볼 때이다. 내가 인도네시아에 들어가면서 가장 염두에 둔 단어는 '출구전략'이었다. 선교지에서 아무리 좋은 사역을 많이 했어도 나올 때 모습이 좋지 못하면 그간의 노력이 헛수고로 돌아갈 수 있다. 자신이 일군 사역이 다음세대로 잘 전수되는 것이 선교사에게 있어 가장 중요한 보상이다.

하지만 한국 선교의 경우, 짧은 경험으로 무언가를 이루려다 보니 물려주고 나올 때 어떤 모습일지 생각할 여지도 없이 앞으로 달리는 데만 열중한다.

특히 1대 선교사들은 "내 뼈를 선교지에 묻겠다"라는 각오로 그 땅에 가서 사역을 일구었다. 그들의 그런 헌신이 매우 특별하고 귀한 것임에도 반드시 좋은 결과로 이어진 것만은 아니다. 선교지에서의 사역이 은퇴 계획이 되어서는 안 된다.

자식을 아무리 사랑해도 일정 기간 품에 둔 후에는 떠나보내는 게 하나님이 만드신 가정의 원리이다. 마찬가지로 어느 시기에는 선교사의 도움과 간섭이 사라져야 현지인의 진정한 자립이 이루어진다. 그래서 사역에 앞서 꼭 생각해야 한다.

'이 사역의 끝에 무엇이 이루어져야 하는가? 내가 어떤 방식으로 빠지는 게 복음적이고 건강한가?'

떠날 때 남겨질 것들을 생각하면 본질에 더 집중하고 도전할 수 있다. 그리고 혼자 무언가를 일구기보다는 늘 팀과 더불어 사역하고 짐을 나누는 법을 배우게 된다.

그래서 나는 인도네시아에 들어갈 때부터 '내가 이곳을 떠날 때는 어떤 모습이어야 할까? 무엇이 남겨져 있을 것인가?'를 늘 생각했다. 그러자 사역의 태도와 지향(志向)이 소유하고 지키고 통제하는 것에서 나누고 베풀고 자유롭게 만드는 것으로 변화해갔다.

교회 사역도 마찬가지이다. 끝에 무엇이 기다리고 있는지 생각하는 게 매우 중요하다. 한국교회가 리더십 이양 문제로 몸살을 앓는 이유도 이 부분에 대한 그림이 없기 때문이다.

하나님이 보실 때 나는 릴레이 경주에 나선 여러 주자 중 한 명이고, 내 부르심은 바통을 다음 주자에게 잘 넘겨주는 것이다. 바통을 소유하고 확보하는 것이 경주의 목적이 아니다. 그렇다면 잘 달리는 것 이상으로 다음 주자에게 바통을 잘 넘겨주는 게 중요하다. 이것이 우리가 달리는 동안 계속 집중해야 할 목표이다.

우리 인생도 마찬가지이다. 근래에 나는 '끝'에 대한 묵상을 정말 많이 했다. 지난 2년 동안 인도네시아 대학 사역의 필요 때문에 해외에서 사역할 일이 많았다. 집을 떠나 공항으로 가기 전에 가족들을 보며 '이것이 우리의 마지막 만남이 될 수도 있다'라고 상기하곤 했다.

그동안 하나님께서 내 생명과 안위를 눈동자와 같이 지켜주셨다. 하지만 언젠가 그 손을 놓으시며 '이제 여기까지다'라고 하시는 순간이 있을 것이다. 누군가에게는 데려가실 시기를 알려주시기도 하지만, 누군가에게는 끝까지 비밀의 영역에 숨겨두시기도 한다. 끝이 있다는 사실과 그 시기를 사람이 통제할 수 없다는 사실이 인간을 겸허하게 한다.

갠지스 강(인도 바라나시)에서

나는 어려서 자주 아팠다. 여러 가지 질병을 경험했고, 위험한 순간도 많았다. 어느 날, 문득 이런 생각이 들었다.

'내가 100여 년 전에 태어났으면 과연 이 나이까지 살 수 있었을까?'

아마 항생제나 현대 의학의 도움을 받지 않았으면 이미 세상을 떠났지 지금까지 멀쩡하게 살 수 없었을 것이다. 하나님이 지금 이 시대에 살도록 하셨기에 살아남았을지도 모른다. 그분의 도우심이 없었으면 지금까지 생명을 유지할 수 없는 인생이었다.

최근에 한 달 평균 5, 6회 정도 비행기를 탔다. 그때마다 '어쩌면 이번이 마지막 비행일 수도 있겠다'라고 생각했다. 이때 찾아오는 마음은 두려움보다는 내 인생의 가장 중요한 것들을 잘 챙겼는지에 대한 자각이었다. 이런 자각은 내가 이 땅의 삶 가운데서 어느새 불필요하게 집착하는 것이 있는지 돌아보게 한다.

하나님이 우리의 지인들을 갑자기 데려가시는 경우를 때로 맞이하곤 한다. 얼마 전 인도네시아에서도 한 선교사님이 비행기 사고로 세상을 떠나셨다. 갑작스러운 죽음은 하나님을 열심히 섬겼던 선교사 가정에도 예외가 아니다. 그래서 이런 상황에 대해 최소한의 준비가 필요함을 본다.

내게 중요한 것 중 하나는 '남겨진 사람들'이다. 이 땅의 아버지들은 자신이 떠난 후에 가족이 먹고살 것을 남겨야 한다는 생각을 먼저 할 것이다. 그런데 그동안 가족을 먹이고 입힌 건 내 능력이 아니라 하나님의 긍휼 때문임을 믿는다면, 먹고살 떡을 준비하는 게 내 일차적 필요가 아닐 터이다.

아버지로서 남편으로서 내가 가족에게 남겨줘야 할 첫 번째 선물은, 그들이 느끼는 나에 대한 감사함과 관계 속에서 서로를 누렸던 추억일 것이다. 그래서 나는 공항으로 출발하기 전에 가족의 모습을 다시 한 번 마음에 담으려 노력한다.

주어진 하루 동안 내게 주신 관계를 기쁨으로 누리는 게 내게는 죽음을 맞이하는 가장 중요한 준비이다. 그럴 때 잠시 서운한 감정이나 불편한 마음을 빨리 정리하게 된다. 그러면 더 사랑하지 못한 아쉬움만 남는다.

또한 떠나기 전에 내 사무실 책상을 정리하며 감정적으로나 관계적으로 정리하지 못한 게 있는지 살핀다. 그리고 함께 사역하는 공동체 식구들의 얼굴을 마음에 담는다. 언젠가 예기치 않게 끝이 올 수 있다는 생각에 대한 내 믿음의 반응이다.

사역자들을 '지금이 어쩌면 마지막일 수 있다'라는 생각으로 볼 때, 그들과 함께하는 시간이 몹시 소중하게 느껴진다. 외부 사역을 하는 중에도 하나하나의 만남 가운데 최선을 나누고자 하는 열정이 생기곤 한다.

물론 앞으로 80세 이상 살면서 하나님을 섬기려면 또 다른 준비가 필요하다. 건강에 투자하고 재정을 계획하는 것 또한 지혜이다. 오늘이라는 시간 동안에 이 두 가지를 같이 준비해야 한다.

내가 2020년을 눈앞에 두고 무리해서라도 안식년을 가져야겠다고 결심한 이유도 끝을 준비하기 위해서였다. 지금 인도네시아에서 진행하고 있는 대학교와 기독 초중고교 교육 사역을 언젠가는 이양해야 하기에 주기적인 중간 점검이 필요하다고 보았다.

가장 좋은 방법이 모든 사역을 팀원들에게 맡기고 자리를 비워주는 것이다. 내가 없을 때 다른 사람들이 어떻게 리더십을 발휘하면서 사역을 전개하는지 한번 보면 좋겠다는 생각이었다. 그동안 내가 리더로서 진행한 일을 중간리더들에 의해 점검받고 확인받는 시간이다.

아울러 리더가 맡았던 짐이 나뉘면서 자연스럽게 권위와 책임이 중간리더들에게 전해지면 그들이 성장할 기회가 생길 것이다. 사역의 끝에 기다리는 것이 무엇인지를 고민하며 무엇을 뒤에 남길 것인지를 생각할 때, 우리는 더 건강하게 반응하고 결정할 수 있다.

2018년 말에 대학의 두 번째 건물 건축을 놓고 근심이 있었다. 대학교 첫 번째 학과 설립 허가를 받음과 동시에 두 번째 학과 설립 승인을 재차 받기를 시도하면서 인도네시아 고등교육부 직원들과 약속했다. 조만간 두 번째 건물을 짓고 계속해서 대학교 시설 확충에 투자하겠다고.

하지만 막상 두 번째 건물을 지으려고 생각하니 엄두가 나지 않았다. 첫 번째 건물을 짓기 위해 1년 안에 40억 원이 넘는 큰 재정을 마련해야 했다. 난 너무 큰 짐을 지고 허덕였다.

물론 그 큰 부담과 함께 때에 맞게 채워주시는 하나님의 특별하신 은혜도 누렸다. 하지만 또다시 그 과정을 겪을 자신이 없었다. 그래서 기도했다.

'하나님, 지난번에 아무런 재정의 준비 없이 건축을 시작해서 그 과정이 너무 버거웠어요. 이번에는 최소한 건축 예산의 절반 이상을 채워주시지 않으면 시작하지 않겠습니다.'

사역자들에게도 이야기했다.
"여러분, 두 번째 건물 건축 계획은 일단 백지상태로 돌리고 하나님이 재정을 채워주실 때까지 움직이지 않을 생각입니다. 당분간 건물을 짓지 않을 수도 있다는 전제로 내년 사역을 계획하십시오."

그런데 얼마 후 캐나다의 어느 권사님에게서 이메일이 왔다. 뵌 적도 없고 알지도 못하는 분이었다. 권사님은 캐나다에서 남편을 여의고 두 자녀를 분가시킨 후 혼자 살고 계셨다. 권사님이 내게 학교 건축이 어떻게 됐는지 문의하셨다. 나는 잠시 원점에서 다시 기도하면서 기다리고 있다고 답을 드렸다.

권사님은 다시 이메일을 보내어 사연을 알려주셨다. 작은 집 두 채가 있는데, 한 채는 임대하여 그 수입으로 노후를 보내고 계신다고 했다. 그런데 권사님이 예배와 기도 가운데 '나머지 한 채를 팔아서 이용규 선교사의 사역지에 후원하라'라는 마음을 받으셨다고 한다.

권사님은 기도할 때 하나님이 감동을 주시면 분별하는 몇 가지 사인들이 있는데, 그와 함께 하나님께서 강한 도전을 주셨다고 했다. 메일의 마지막에는 이런 문구가 쓰여 있었다.

"사후대책만 확실하면 노후계획쯤은 주님 품 안에서 다 해결될 것을 굳게 믿습니다."

이 문장을 읽으며 내 안에 감동이 일었다. 나는 하나님께서 두 번째 건물 건축을 위해 다시 움직이고 계심을 느꼈다. 권사님이 보내시겠다고 약정한 후원액과 그 시기에 약속된 다른 재정을 합하니 딱 건축 예산의 절반이 넘었다. 나는 깨달았다.

'하나님, 이번에도 가야 하는군요.'

그렇게 다시 건축을 시작했고, 2019년 말에 완공했다.

내가 이 이야기를 나눈 이유는, 노후계획이 필요 없다거나 집을 팔아서 선교지에 보내라는 게 아니다. 우리의 신앙과 믿음의 반응은 '사후대책'과 관련이 있다. 삶의 현장에서 우리를 변화시키는 능력은 죽음 이후 우리에게 펼쳐질 영원한 삶을 믿을 때 생긴다.

인생의 끝을 생각할 때 우리는 과감하게 삶과 죽음을 주관하시는 하나님께 우리의 결정권을 맡길 수 있다. 집착과 두려움에서 벗어날 힘도 죽음 너머에 기다리고 있는 것을 믿음 안에서 인식할 수 있을 때 나온다.

로마, 어둠 속 빛을 따른 사람들

생명보다 귀한 것

1부

삶과 죽음 그 너머

부활 프로젝트

이용규

다큐멘터리 〈부활〉 기획에 참여하다

2018년 후반부터 다큐멘터리 〈부활〉 작업을 돕기 시작하면서 '끝'에 대해 묵상할 기회가 많았다. 〈제자, 옥한흠〉, 〈순교〉, 〈잊혀진 가방〉 등 귀한 기독 영화를 꾸준히 발표하고 있는 김상철 감독님으로부터 그해 중순쯤 연락을 받았다.

감독님과는 코스타와 인도네시아 촬영 등으로 교류하며 서로 선한 영향력을 주고받는 관계였다. 그는 어느 공중파 방송국으로부터 받은 기독교 다큐멘터리 제작 제안에 대해 내게 자문을 구했다. 그 방송국의 한 피디로부터 2019년 부활절 특집 다큐멘터리를 제작하자는 제안을 받았다고 했다.

공영방송에서 기독교 관련 작품을 방영할 수 있는 가장 무난한 통로는 부활절과 성탄절의 특집 프로그램이다. '부활'이라는 주제는 일반적으로 공영방송에서 다루기 쉽지 않은 내용이지만 부활절에 방영하기엔 확실한 명분을 가질 수 있다.

특히 이 주제를 김 감독님과 같은 목회자가 기독교적 관점으로 다루어 방송에 내보낼 수 있는 매우 좋은 기회였다. 기독교 복음의 핵심을 다수의 시청자에게 전달할 수 있기 때문이었다. 감독님은 극히 드문 기회를 통해 부활에 대한 메시지를 기독교인을 넘어 일반인에게도 전달할 수 있다는 기대로 제안을 받아들였다.

나는 이 작품에 대해 몇 가지 의견을 감독님과 나누었다.

"기존에 예수님의 부활을 직접 다룬 작품들이 몇 편 있는데, 같은 관점에서 작품을 만들면 자칫 역사 고증 이상이 되기 어려울 것으로 보입니다.

부활을 설명하려면, 부활 사건 자체를 다루기보다 예수님의 부활을 경험한 제자들의 삶의 변화에 초점을 맞추는 게 좋을 것 같습니다. 그들의 삶의 후반에 나타난 부활의 영향을 추적하는 작품을 만드는 게 훨씬 쉬울 것입니다. 부활을 경험한 사람들의 삶의 변화는 부활의 가장 강력한 방증(傍證)이자, 교인들의 삶에 구체적인 영향을 줄 수 있는 메시지가 될 것이기 때문입니다."

예수님의 제자들은 예수님과 먹고 마시며 살았다. 그분의 말씀을 직접 들었고, 기적을 행하시는 현장에도 함께했다. 또한 자신들도 예수님의 권능을 힘입어 병자도 고치고 귀신도 쫓았다. 그런데도 이들은 그분을 온전히 신뢰하지 못했다.

그들이 예수님을 따른 이유는 그분을 통해 자신들이 이 땅에서 원하는 것을 이루는 데 있었다. 그래서 예수님이 메시아이신 건 인정했지만, 정치적 메시아로 이 땅에 오셨다고 믿었다. 그들의 바람은 예수님이 이스라엘을 정치적으로 회복시키고 로마의 압제에서 독립시켜 다윗의 옛 영광을 찾는 거였다.

훗날 예수님이 정권을 잡으시면 가까이 따르던 자신들에

게도 권위와 지위가 주어질 걸 기대했다. 즉 세상에서의 목표를 이루기 위해 그분이 필요했다. 예수님이 이 땅에 오신 진정한 이유를 여러 번 제자들에게 말씀하셨음에도 그들은 그 사실을 수용할 수 없었다. 예수님의 삶의 목적이 자신들의 삶의 목적이 되지 않았다. 엄밀히 말하면, 그저 예수님을 그들의 목표를 이루는 데 이용하고 싶었을 뿐이다.

그랬던 제자들이 예수님의 부활을 실제 눈으로 경험하고서 180도 바뀐다. 예수님 생전에는 두려워하고 의심이 많고 자기중심적이었던 그들이 복음의 용사로 거듭난다. 예수님의 부활을 경험한 후, 세상 권위 앞에서 더는 두려워 떨지 않았다. 죽음의 위협도 두려워하지 않았다.

그리고 각자 선교지로 나가 사역하는 가운데 순교했다. 사도 요한만 박해 중에 극적으로 탈출하여 자연사할 때까지 수명을 누렸다.

예수님 부활의 정황 증거인 제자들의 순교

제자들의 삶의 마지막을 성경은 다루고 있지 않다. 그들의 행적을 기록한 사도행전 후반부는 사도 바울의 행적을 중심으로 쓰였고, 그가 로마에 도착하면서 끝난다. 로마 초대교부들의 전승에 의하면, 예수님의 열두 제자가 세계 여러 지역에 흩어져서 복음을 전했고, 사도 요한을 제외한 모든 사도가 순교했다고 한다.

사도 도마의 순교터에 세워진 작은 교회당 안에는 열두 제자가 고난 가운데 순교한 마지막 순간을 그린 그림들이 벽에 걸려있다. 이 책에 실린 그림이 바로 그것이다.

세베대의 아들 야고보는 예루살렘에서 칼로 참수당해 순교했다고 사도행전에 기록되어 있다. 요한은 도미티아누스 황제 때의 박해로 끓는 가마솥에 던져졌으나 기적적으로 살아났다고 한다. 그 후 밧모 섬에 갇혀 광산에서 일하다가 요한계시록을 썼다. 도미티아누스 황제의 죽음 후 다시 에베소로 돌아와 머물렀고, 94세에 죽었다고 한다.

사도 베드로는 로마에서 십자가에 거꾸로 매달려 처형되었다. 예수님이 달린 십자가에 똑같이 달릴 수 없다며 거꾸로 매달리기를 자원했다고 전한다. 마태는 에티오피아에서 사역하다가 칼에 맞아 고통받으며 순교했다.

예수님의 형제인 야고보는 공식적인 사도는 아니지만 예루살렘 교회의 지도자였다. 그가 그리스도에 대한 믿음을 끝까지 부인하지 않자 성전의 남동쪽 꼭대기(약 30미터 상공)에서 던져졌다. 그의 원수들은 야고보가 추락 후에도 죽지 않은 것을 발견하고는 곤봉으로 때려서 죽였다고 한다. 이 꼭대기는 사단이 예수님을 시험할 때 데리고 갔던 곳으로 여겨진다.

나다나엘이라고도 알려진 바돌로매는 가장 극적인 죽음을 맞는다. 그는 아르메니아로 가서 사역하다가 산 채로 살가죽이 벗겨져 죽었다. 그래서 사도 바돌로매를 그린 그림이나 조각 등의 예술 작품을 보면 사람의 살가죽이나 칼을 손에 들고 있는 형상으로 표현되어 있다.

안드레는 그리스에서 사역하다가 엑스(X)자 모양의 십자가에 처형되었다. 군사들이 심하게 채찍질을 한 후, 고통을 연장하기 위해 끈으로 그의 몸을 십자가에 묶었을 때 다음과 같은 말을 했다고 그의 제자들이 전한다.

"나는 오랫동안 이 행복한 순간을 바라고 기다렸습니다. 십자가는 거기에 달리신 그리스도의 몸에 의해 거룩하게 되어 있습니다."

그는 죽는 순간까지 이틀 동안이나 그를 고문하는 사람들에게 계속 설교했다고 한다. 사도 도마는 인도에서 사역하다가 창에 찔려 죽었다. 빌립은 소아시아 지역에서 선교하다가 히에라폴리스에서 죽은 것으로 알려져 있다. 다만 이 책에 실린 그림은 십자가형을 묘사하고 있다. 자세히 알려지지는 않았지만, 작은 야고보(알패오의 아들)는 예루살렘에서 군중에게 돌과 몽둥이로 맞아 순교한 것으로 추정된다.

도마의 순교지(St. Thomas Mount)에 세워진 교회에 있는 성화

베드로

안드레

야고보

요한

빌립

마태

시몬

도마

바돌로매

다대오(유다)

작은 야고보

맛디아

다대오라 하는 유다는 메소포타미아에서 사역하다가 전쟁용 무기에 맞아 죽었다. 열심당원이던 시몬은 이집트에서 전도했다고 하는데, 거기서 톱에 켜 죽임을 당한 것으로 묘사되어 있다. 배신자 유다를 대신하여 사도 된 맛디아는 에티오피아에서 사역한 것으로 추정되는데, 이 그림에서는 손도끼에 맞아 순교한 것으로 그려져 있다.

사도 바울은 직접 제자는 아니었다. 그는 이방인의 사도로 사역하다가 주후 64년에 시작된 로마의 네로 황제 박해 때 붙잡혔고 67년경에 참수되었다고 한다.

제자들은 죽음을 무릅쓰고 예수님이 부활하셔서 우리의 구원자가 되셨으며 죽음의 문제를 해결하셨음을 전했다. 이것이 초대교회의 기초이며, 오늘날 교회가 본받고 있는 정신이다. 앞서 언급했듯이 제자들의 놀라운 반전은 부활의 가장 확실한 정황 증거이다. 아무도 자신이 거짓이라고 믿는 것에 목숨을 걸지 않는다. 만약 예수님의 부활이 거짓이었다면 제자들도 그 사실을 알았을 것이다.

스스로 만들어낸 허구나 확실하지 않은 환영 때문이라면 안정된 생활을 버리고 죽음의 위협에 자신을 던지지 않았을 것이다. 한 명도 아니고 열두 명 모두 그랬다는 건 그들이 예수 그리스도의 부활을 목격했다는 부인할 수 없는 증거이다.

도마, 베드로, 그리고 바울

　이런 이유로 나는 감독님에게 제자들 중 가장 극적인 태도 변화를 보인 사도 베드로와 바울 그리고 도마의 삶의 마지막을 취재하기를 제안했다. 촬영 장소는 두 곳을 지목했다.

　첫 번째는 사도 도마의 무덤과 처형장에 세워진 교회를 탐방할 수 있는 인도의 대도시 첸나이, 두 번째는 사도 베드로의 전승이 남아있는 로마의 쿼바디스 도미네 교회 그리고 바울의 처형장에 세워진 교회 두 곳이었다.

　첸나이는 예전에 '마드라스'라고 불리던 곳이다. 그곳에 오래된 기독교 공동체가 형성되어 지금까지 그 전통이 이어지고 있다. 지금 이 지역의 수많은 교회가 부흥을 경험하며 인도의 많은 미전도 종족들에게 자국민 선교사를 보내고 있다고 한다. 이 지역에 처음으로 복음을 전한 사람이 사도 도마라고 전해진다.

　도마에게는 '의심 많은 도마'라는 별명이 따라다닌다. 예수님이 부활하셔서 처음 제자들에게 나타나셨을 때 도마는 함께 있지 않았다. 제자들이 부활하신 예수님을 만난 이야기를 하자 도마는 "내가 그의 손의 못 자국을 보며 내 손가락을 그 못 자국에 넣으며 내 손을 그 옆구리에 넣어보지 않고는 믿지 않겠다"라고 말했다. 예수님이 십자가에 못 박혀 돌아가신 후에 다시 살아나실 것을 여러 차례 말씀하셨지만, 그는 믿지 않았던 것이다.

그 후 예수님이 다시 제자들에게 나타나셔서 도마에게 "네 손가락을 이리 내밀어 내 손을 보고, 네 손을 내밀어 내 옆구리에 넣어보라. 그리하여 믿음 없는 자가 되지 말고 믿는 자가 되라"라고 말씀하셨다. 이에 도마는 예수님을 향해 "나의 주님, 나의 하나님"이라고 고백한다(요 20:24-28). 실제로 예수님의 부활을 경험한 도마는 제자들 가운데서도 가장 멀리까지 복음을 전하러 갔다.

일설에 의하면, 자신을 노예로 팔아 인도로 가는 배를 타고 그곳에서 복음을 전하다가 마드라스 지역을 지배하던 왕의 미움을 사서 처형당했다고 한다. 예수님의 부활의 실재를 의심했던 도마의 극적인 변화를 통해 부활 사건이 사람들의 삶에 미치는 영향을 조명하면 좋겠다고 생각했다.

베드로는 예수님을 가장 가까이에서 따르던 수제자였다. 그런 그도 예수님이 잡히시던 밤에 제자 중 하나로 지목받자 두려움에 예수님을 모른다고 세 번이나 부인했다. 예수님에 대한 사랑보다는 죽음이나 환란에 대한 공포가 더 컸다.

그랬던 그가 예수님의 부활 이후 그분을 따르는 공동체의 수장이 되어 교회를 섬겼다. 네로 황제의 박해 때 로마를 탈출하지 않고 남아서 성도들을 돌보다가 붙잡혔고, 거꾸로 십자가 형틀에 묶여서 죽임을 당했다. 그의 시신이 묻힌 곳이 지금의 교황청 내에 있는 성베드로 성당이다.

바울은 원래 유대교 전통을 고수하던 사람으로, 예수님을 따르는 제자들을 박해하고 죽이고자 했다. 그는 예수를 따르는 사람들이 유대교의 전통에 위협이 된다고 보았다. 그래서 예수를 따르는 자들이 모여있던 다마스쿠스로 가서 예수 믿는 무리를 공격하려고 했다.

그러나 다마스쿠스로 가던 도상에서 강한 빛을 보고 잠시 실명한다. 그때 부활하신 예수님의 음성을 듣고 부활의 실재를 인식한다. 그 후 회심하여 유대인을 넘어서서 이방인들에게 복음을 전하는 사도가 된다.

그는 복음을 전하기 위해 죄수가 되기를 자처하여 로마로 들어가 감금 생활을 하던 중 네로 황제의 박해 때 참수형을 당한다. 그리고 그가 처형된 장소에 '세 분수 교회'가 세워졌다. 바울의 목이 잘려 세 번 굴렀는데, 그곳에 샘이 터져 나왔다는 전승에 기초해서 지어진 이름이다.

내가 로마를 촬영지로 제안한 이유는, 베드로와 바울이 생의 마지막 순간을 맞이한 로마에서 그들의 삶의 끝을 조명하며 부활을 그려보는 게 좋겠다고 생각했기 때문이었다.

김상철 감독님과 방송국 제작진의 협의를 통해 〈부활〉 프로젝트는 2부작 다큐멘터리로 제작하게 되었다. 1부는 예수님의 제자들이 부활을 경험한 이후의 삶을 다루고, 2부는 현재 부활을 경험한 사람들의 삶 가운데 나타난 변화를 조명해 보기로 했다.

나는 이 작품의 배경 장소를 제안한 것 때문에 이 여정의 안내자 역할로서 출연을 제안 받았다. 사실 인도네시아의 학교 설립과 외부 강의 및 출장 등으로 이미 일정이 빼곡히 찬 상황에서 이 일을 맡는 게 맞는지 고민했다. 또 선교사가 영화에 출연하는 것이 외도 같은 느낌도 있었다.

하지만 '삶과 죽음 그리고 다시 삶'이라는 너무나 중요한 주제가 방송을 타고 전국의 안방에 전달됨을 생각할 때, 이 작품에 어깨를 빌려줘야 한다는 부담이 찾아왔다. 한국교회가 여러 가지로 공격받고 어려움을 겪는 상황을 생각하며 어떤 식으로든지 도움이 되어야 한다는 마음의 짐도 있었다.

그래서 내게 주어진 시간 가운데 선교가 아닌 한국교회를 위한 십일조를 내야겠다는 생각에 영화 제작에 함께 힘을 모으기로 했다.

돌아보면 2006년에 첫 책《내려놓음》을 내면서 대중을 상대로 한 사역의 문이 열렸다. 그때 나는 '내려놓음'의 의미를 '십자가를 지는 삶'으로 표현했다. 이는 10여 년 넘게 묵상하고 강조해온 주제였다. 십자가 너머의 삶에 대한 분명한 가르침 없이는 십자가를 지는 삶이 불가능함이 너무나 자명했다.

나약한 우리는 부활의 확신 없이는 십자가 앞으로 나아갈 수 없다. 십자가와 부활은 수레의 두 바퀴와 같아서 한 바퀴만으로는 굴러갈 수 없다.

이런 부분에 있어 〈부활〉을 찍으며 하나님께서 나를 다음 단계의 묵상과 메시지로 인도하고 계신다고 생각했다. 내 개인적 묵상의 영역에서 또 한 단계 앞으로 나아가도록 초청하심을 느꼈다.

평판

김상철

바보는 이해되지 못할 때 일을 한다

영원의 끝에서 사형선고를 받은 줄 알고 살았던 바울처럼 살아간 사람들이 있다. 또 지금도 그렇게 사는 사람들이 있다. 22개 나라 100개 도시에 4,500여 개 교회를 개척한 중독 재활센터 베텔(BETEL, 하나님의 집, 중독자들이 모인 신앙 공동체)에서 살아가는 사람들이다.

그들 중 누구는 마약 중독자였고, 또 누구는 알코올 중독 자였다. 그들이 회심한 후 자신을 돌아보기 시작했을 무렵에는 이미 에이즈 보균자로, 내일 죽을 수도 있는 존재가 되어 있었다.

사무엘상에 나오는 다윗의 첫 추종자들과 같은 사람들, 즉 환난 당한 자와 빚진 자와 마음이 원통한 자 같은 그들이 세계 여러 나라에서 이루어놓은 놀라운 선교적 돌파에 대해서 모르는 사람이 태반이다. 중독자들이 중독자들에게 복음을 전한다는 것을 그동안 누구도 상상하지 못했음은 물론이고, 그 영역까지 도달해보지 못했기 때문이다.

웩(WEC, Worldwide Evangelization for Christ) 국제 선교회에서는 베텔의 설립자 엘리엇 테퍼를 '제2의 C. T. 스터드'(C. T. Studd)라고 한다. 엘리엇은 전도와 선교에 열정적이다 못해 순교할 마음으로 선교 현장에 머물고 있다. 대다수의 사람이 예상하듯 그가 받은 사명을 이루는 일은 모든 영역에서 불가능했다. 그러나 그는 바보같이 순진해서 그 자체가 불가능하다는 것을 이해하지 못했다. 그래서 포기하지 않고 계속해서 가다 보니 가능하게 되었다고 한다.

하나님께서 일하시며 무엇인가를 요구하실 때, 모두 바보가 되어야 한다. 왜 그 일이 불가능한지 이해하지 못하는 사람을 통해서 하나님의 일이 이루어지기 때문이다.

'부활'이라는 작품을 함께 만들어간 이용규 선교사님도 내가 만난 바보 중 한 사람이다. 나는 그리스도의 바보들에게 하나의 분명한 믿음이 동일하게 있음을 발견했다. 이 '발견'이라는 단어는 가능성으로 충만한 세계를 만나는 것을 표현한다.

발견이란 아기가 눈을 뜨고 바라보는 세상에서 천사와 같은 엄마가 자신의 눈을 보고 있음을 신기해하는 것이다. 그때 그토록 간절하게 찾던 진리를 찾아가는 길을 깨닫는다. 무지도 죄라고 하지만, 하나님을 알고 난 이후에 세상에 대해 바보스러워지는 무지는 죄가 아니라 축복이다.

부활에 대한 믿음은 하나님께서 만드신 하늘과 땅, 산과 바다, 들판에서 사는 우리에게 미리 천국을 누리게 하시는 하나님의 선물이다. 우리는 언젠가 모두가 경험할 죽음 이후의 부활뿐 아니라 지금 이 순간 삶의 변화 가운데 얻어지는 현재적 부활의 삶도 소유할 수 있다.

다시 부활 복음으로

나의 믿음의 동역자 중 유임근 목사가 있다. 그는 부산에서 사역할 당시 크리스마스를 단순한 일회성 휴일이 아닌 기억될 수 있는 추억으로 만들고자 노력했다. 그래서 시작한 일이 '부산 크리스마스트리 문화축제'였는데 당시 큰 반향을 일으켰다. 지금도 뜻을 함께하는 분들이 지역마다 관련 축제를 열어 세상과 소통하며 예수의 삶을 알리려 힘쓰고 있다.

성탄절! 아기 예수의 탄생을 모두 기뻐하는 날! 하지만 아이러니하게도 대부분의 사람들은 예수가 전 삶을 통해 향했던 시선에 대해선 관심이 적다. 심지어 믿는 사람들조차 성탄절을 단회성 연례행사로 여긴다. 과거의 성탄절은 지금처럼 단순한 공휴일이 아니었는데 어느 순간 이렇게 되어버렸다.

2019년 7월 3일 오후, 서울 평창동 한중일비교문화연구소에서 만난 이어령 교수님의 표정은 밝았다. 교수님의 건강 상태 때문에 인터뷰 일정을 한 번 연기한 터라 걱정이 앞섰지만 기우에 불과했다. 당대의 지성인 이어령 교수가 기독교 신앙을 갖게 된 것은 한국교회사에 기억될 만한 사건이라고 말하는 이도 있는데, 과한 평가는 아니라고 생각한다. 그만큼 그가 신앙을 가진 이후 보여준 변화된 모습은 많은 이들에게 공감을 불러일으키고 감동을 주며, 기독교의 본질적인 신앙의 맛을 알게 했다.

나는 부활과 관련하여 그의 메시지를 담기 위해 몹시 긴장한 상태로 갔으나 교수님은 소년처럼 해맑은 표정이었다. 암이라는 질병과 싸우고 있지만 연명 치료를 거부하고 죽음에 관련된 글을 쓰고 있다는 그는 평안해 보였다.

교수님은 부활과 관련해 어떤 이야기를 듣고 싶은지 질문하셨다. 일반적으로 예수 부활의 실재성 여부를 이야기할 거면 긴 시간 필요 없이 역사적인 사실과 정황적인 증거 몇 가지만 언급하실 모양이었다. 그래서 나는 인도 바라나시를 다녀와서 느낀 점을 먼저 말씀드리고, 궁극적으로는 '삶과 죽음의 문제'에 대한 질문 때문에 왔다고 했다.

"오늘날 성탄절이 기념되는 이유는 예수님의 삶(십자가의 고난과 부활)이 있었기에 가능한 일인데, 지금 시대는 그렇지 못한 것 같습니다. 성탄절이 단순한 휴일에 불과하고, 한국교

이어령 교수님과 함께(김상철, 이어령, 이용규)

회 역시 성탄절을 일회성으로 치르는 교회 절기로만 여기는 것 같습니다."

교수님은 내 말을 진지하게 들으시더니 차분히 자신의 생각을 정리해주셨다.

"우리가 통금 시절에 크리스마스를 제일 잘 보냈어요. 설령 술을 먹고 이상한 짓을 했더라도 감사가 있었지요. '예수 때문에 나 좋아하는 술 먹어. 그동안 억압됐었는데 예수 때문에 풀어졌어'라는 소리를 하곤 했습니다.

당시 영국 기자가 이렇게 썼어요. '당신은 한국의 크리스마스가 가장 쾌락적이고 비크리스천적일 것이라 생각하겠지만, 아니다. 통금이 있는 상황에서 크리스마스로 인해 자유롭게 거리가 해방됐을 때 좋아서 외치는 사람들의 그 소리! 이 지상에서 가장 축복받은 크리스마스는 한국에 있다.'

이 이야기는 통행금지가 있었을 때의 이야깁니다. 그러니까 고난을 통해서만이 얻어지는 행복과 기쁨의 의미가 있어요. '예수님이 태어나신 날이라 내가 오늘 자유롭게 밤을 즐길 수 있구나.' 그러니까 자유가 아까워서 크리스마스 밤에는 새벽 3시 이전에 자는 사람이 없었어요. 왜냐고요? 아, 그 자유를 누려야지 어떻게 방 안에 들어갑니까? 그러니까 다 나와서 불야성을 이루는 거죠."

누군가의 탄생에 관심을 둔다면 그 이전에 분명 기억해야 할 삶이 있을 것이다. 과연 예수의 삶은 어떠했을까? 한국교회는 예수의 삶에 대하여 얼마나 바로 가르치고 있을까? 짧았던 나의 목회를 돌아봐도 예수의 삶 중에서 가장 극적인 사건이자 하나님께서 예정하시고 이루셨던 부활을 강조하지 못했다. 왜 그랬을까? 왜 고난은 많이 강조했지만 부활에 대해서는 감추었을까?

익숙하기 때문에 저지르는 실수

익숙하기 때문에 저지르는 실수. 목회자도 그런 경우가 적지 않다. 그런데 기독교에서 너무 중요한 사실이 사소한 실수 또는 관심 부족으로 소홀히 다루어진다면 얼마나 큰 문제인가? 다름 아닌 '부활'과 관련된 교회의 메시지다. 강단의 설교와 교육은 일반적으로 그리스도인의 고난에 대해서는 풍성하게 강조해왔지만, 부활에 대해서는 많이 전하지 못했다.

십자가 없는 부활은 없고, 부활 없는 십자가도 존재하지 않는다는 것을 알지만 의외로 균형은 무너져 있다. 그래서 부활 신앙이 잊혀져가는(?) 동안 교회의 대외적인 영향력이 상실되었다. 개인의 고난과 극복에 초점을 맞추다 보니 점점 자기

중심적 신앙이 고착되어 다른 이를 돌아볼 만한 여유를 찾지 못하게 되었기 때문이다.

"신앙을 잃어버리면 배교를 하고, 사명을 잃어버리면 타락한다"라는 말은 틀리지 않았다. 부활 신앙을 회복하여 부활의 삶을 살아내고 전하는 삶이 사명자의 길인데, 그 본질을 잃어버리자 교회의 타락과 기독교인들의 이기주의로 나타났다. 하지만 초대교회의 원형을 돌아보면 공동체 생활을 통해 소유를 나누고 함께 협력하여 선을 이루어가는 모습을 볼 수 있다. 세상 사람들이 볼 때 자신들과는 무언가 다른 점이 있었기에 기독교인들에겐 힘이 있었다. 세상 가치와 비교해도 뒤지지 않는 영적인 힘과 권위가 함께했다.

> 항상 우리와 함께 다니던 사람 중에 하나를 세워 우리와 더불어 예수께서 부활하심을 증언할 사람이 되게 하여야 하리라 하거늘 행 1:22

제자들이 전한 복음은 예수께서 부활하셨다는 사실이었다. 예수님이 부활했다는 증언은 예수님이 이제 신앙의 대상이 되었다는 의미다. 제자들은 죽음의 두려움이 있었고 배교를 강요당하기도 했지만, 죽임을 당할 때까지 변질되지 않았다. 그들은 부활하신 예수님을 직접 보았기 때문에 예수의 부활을 증언하는 일이 막연하지 않았다. 그들은 허황된 일이 아니라 실제 본 사실을 말하는 것이기에 거짓으로 숨기는 자들에게서 보이는 두려움과 막힘이 없었다. 그런데 그 사실을 인지하는 순간, 내게 질문이 하나 생겼다.

'내게도 그 실제를 만난 사건이 있었는가?'

내가 잊고 있었던 과거, 부활하신 예수님을 만난 일이 있었다. 마치 사울이 다메섹에서 예수님의 음성을 들은 것과 같은 방식이었다.

사울이 바울이 된 사건은 한 편의 드라마와 같았다. 예수 믿는 사람들을 핍박하던 사울이 또다시 그 일을 하기 위해 가고 있을 때 부활하신 예수님의 음성이 들린 것이다. 예수님은 사울에게 "왜 나를 박해하느냐?"라고 말씀하셨다. 사울은 충격을 받고 현장에서 비추인 빛으로 인해 눈이 멀게 된다. 곁에 있던 사람들도 동일한 빛을 보았으나 그분의 음성은 들을 수 없었다. 그 빛이 어떤 빛인지 알지 못했다.

하지만 사울은 예수 그리스도라는 빛을 보고 그의 음성을 들었다. 피할 수 없는 운명처럼 사울은 그날 죽음에서 부활하신 예수의 실체를 만날 수 있었다. 마치 카타콤의 어두운 공간에 아주 작게 비추어진 빛을 통해 하나님의 영광을 보았던 초대교회 사람들처럼 그 빛을 만났다.

사울이 길을 가다가 다메섹에 가까이 이르더니 홀연히 하늘로
부터 빛이 그를 둘러 비추는지라 땅에 엎드러져 들으매 소리
가 있어 이르시되 사울아 사울아 네가 어찌하여 나를 박해하
느냐 하시거늘 대답하되 주여 누구시니이까 이르시되 나는 네
가 박해하는 예수라 너는 일어나 시내로 들어가라 네가 행할
것을 네게 이를 자가 있느니라 하시니 같이 가던 사람들은 소
리만 듣고 아무도 보지 못하여 말을 못하고 서 있더라 사울이
땅에서 일어나 눈은 떴으나 아무것도 보지 못하고 사람의 손
에 끌려 다메섹으로 들어가서 사흘 동안 보지 못하고 먹지도
마시지도 아니하니라 행 9:3-9

가는 중 다메섹에 가까이 갔을 때에 오정쯤 되어 홀연히 하늘
로부터 큰 빛이 나를 둘러 비치매 내가 땅에 엎드러져 들으니
소리 있어 이르되 사울아 사울아 네가 왜 나를 박해하느냐 하
시거늘 내가 대답하되 주님 누구시니이까 하니 이르시되 나는
네가 박해하는 나사렛 예수라 하시더라 나와 함께 있는 사람
들이 빛은 보면서도 나에게 말씀하시는 이의 소리는 듣지 못
하더라 행 22:6-9

사도행전 9장에는 바울과 함께 있던 사람들이 소리는 들었으나 아무것도 보지 못했다고 기록되어 있고, 22장에는 빛은 보면서도 소리를 듣지 못했다고 기록되어 있다. 두 본문의 기술 사이에 차이가 있어 보인다. 하지만 이것은 알아듣지 못하고 제대로 보지 못함의 표현이다. "내 양은 내 음성을 들으며 나는 그들을 알며 그들은 나를 따르느니라"(요 10:27)는 말씀을 보면 알 수 있다.

오늘날 교회에는 사울과 같은 사람이 있고, 그와 함께 가던 자들과 같은 사람도 있다. 예수님의 부활을 직접 눈으로 보지 못했지만 그분의 음성을 들은 후 부활하신 예수임을 알고 말씀을 따라가는 사람은 사울과 같은 사람이다. 그러나 사울과 같은 자리에서 동일한 음성을 듣지만 아무것도 보지 못한 것처럼 부활하신 예수를 만나지 못해 믿음 없이 목적지까지 가는 사람도 있다.

부활의 예수를 만나기만 하면 되는데 그분을 찾지 못하고 방황하고 있는 이들의 모습에서 나를 볼 수 있었다.

'아, 나도 음성을 들었는데…. 그래서 지금 여기까지 왔는데…. 어느 순간 그때를 잊고 있었구나.'

이런 감정이 몰려오면서 한동안 하나님 앞에 고개를 들 수가 없었다.

우리는 초대교회의 제자들처럼 부활하신 예수님을 직접 만날 수도, 도마처럼 그분을 만질 수도 없다. 그러나 바울이 된 사울을 보면, 부활하신 예수님은 영이신 하나님이시기에 지금도 우리를 찾아오셔서 문을 열어달라고 하신다는 말씀이 믿어진다.

볼지어다 내가 문 밖에 서서 두드리노니 누구든지 내 음성을 듣고 문을 열면 내가 그에게로 들어가 그와 더불어 먹고 그는 나와 더불어 먹으리라 계 3:20

예수님이 부활하셨다는 사실에 의구심을 갖고 사는 신앙인이 적지 않다. 부활을 믿느냐 안 믿느냐가 아니라 "예수님의 부활이 내 신앙에 결부되어 사명을 감당하고 있느냐"라는 질문 앞에 대답하지 못하는 이가 많다는 뜻이다. 여기에는 목회자의 책임도 있다. 예수의 부활을 자주 강조하지 않는 익숙함에 젖어있다.

사순절 동안 끊임없이 고난을 묵상할 뿐, 부활에 대한 메시지는 많이 부족하다. 한편으로는 사단이 이러한 사실을 감추기 위해 노력하고 있다는 생각도 든다. 분당우리교회 이찬수 목사님도 이와 관련된 메시지를 남겼다.

"최근에 어느 교수님이 쓰신 글을 보고 크게 공감하였습니다. 제가 한번 읽어드리겠습니다. '유감, 부활절 홀대 40:1' 이 숫자가 무엇을 의미할까요? 사순절과 부활절을 비교하는 숫자입니다. 우리는 40일 동안 예수 그리스도의 고난과 십자가를 기리고 묵상합니다. 그러나 부활절에 할애된 시간은 고작 하루에 불과합니다. 이 글을 읽을 때 폭풍 공감이 되었습니다. 십자가에 대해서는 40일씩 묵상하고 금식도 하지만 부활의 기쁨을 누리는 것은 하루뿐입니다. 그리고 목회자가 십자가와 부활을 이야기하는 것이 40:1이 아니라 400:1이 되지 않을까 생각합니다. 이것이 문제라고 생각합니다.

'만약에 예수 그리스도의 부활이 없었다면, 십자가는 한 젊은 유대인의 안타까운 죽음에 불과한 것입니다.' 너무나 공감되는 말입니다. 고린도전서 15장 17절에 이렇게 기록되어 있습니다. '그리스도께서 다시 살아나신 일이 없으면 너희의 믿음도 헛되고 너희가 여전히 죄 가운데 있을 것이요.' 이렇게 소중한 것이 부활 신앙입니다."

부활의 정황적 증거

부활을 확실히 믿었던 제자들 모두가 순교했다. 그전에는 다들 도망가고 베드로는 배신까지 했지만 예수님의 부활을 목격한 후에는 모두가 죽음의 길로 걸어갔다. 만약 부활이 일어나지 않았더라면 모두가 뿔뿔이 흩어졌을 것이다. 그런데 부활을 보았기에 확신하게 되었고 순교할 수 있었다.

이를 '예수 부활의 정황 증거'라고 할 수 있는데, 오늘날 제자들의 급진적인 변화에 대하여 부인하는 사람은 없다. 예수님의 제자 중 어느 누구도 예수가 부활할 것을 믿지 않았고 그런 기대조차 하지 않았다. 그런데 죽었던 예수는 부활했고, 그들은 다시 사신 예수를 직접 보았다고 선포하기에 이르렀다.

이후에 부활이 사실이냐고 묻는 이들에게 부활의 증거를 제시한 사람들이 예수를 마지막에 부인하고 버렸던 제자들이었다는 사실이 놀랍다. 제자들이 자신들의 목숨을 걸 만한 확신을 갖게 된 이후 남겨놓은 부활의 정황적인 증거는 다음과 같다.

1) 제자들이 죽기까지 자신들의 믿음을 지켰다는 것
2) 사울 같은 핍박자가 회심을 했다는 것
3) 동물 제사를 없애고 율법 대신 믿음을 강조한 것과 주일을 준수하는 등 유대 사회의 전통과 사회제도를 변화시킨 것
4) 사도행전에 보면 바나바가 사울을 찾으러 다소에 가서 그

를 만난 뒤 안디옥으로 데리고 와서 둘이 교회에서 1년간 모여 큰 무리를 가르쳤는데 그 제자들이 안디옥에서 비로소 그리스도인이라 일컬음을 받았다는 것

예수님을 하나님의 아들로 믿는 교회들이 생겼고, 교회들의 평판은 긍정적이었다. 뒤에서 한 번 더 설명하겠지만 교회의 구성원들은 죽음 이후의 부활을 믿었기에 경건의 삶을 살았는데, 경건이란 다른 사람을 위한 삶이었다.

이와 같은 정황 증거들은 예수님이 부활하셨다는 역사적 사실을 강력하게 뒷받침하는 증거가 되었다. 만약 부활이 거짓이라면 그 거짓말에 목숨을 걸고 교회를 위해 생명을 바칠 사람이 몇이나 있었을까? 예수 부활이 역사적 사실이 아니라면 도저히 설명할 길이 없다(보다 구체적인 부활의 증거는 부록에 간단히 요약한 글로 소개한다).

경건과 금생과 내생

부활을 믿고 부활을 증거하는 사명을 회복하면 타락할 수 없다. 제자들은 부활을 믿음과 동시에 자신들의 삶의 패턴을 바꾸었다. 예수를 따르는 삶, 곧 경건의 삶이었다. 경건은 하

나님의 거룩한 성품을 닮는 것을 말한다. 특히 신약의 관점에서는 예수 그리스도를 닮는 것이다.

그러므로 예수의 제자에게는 경건하게 살 것이 요구된다. 야고보는 참된 경건이 하나님만 의지하며, 세속에 물들지 않고, 어려운 이웃을 도와주는 태도라고 말한다.

하나님 아버지 앞에서 정결하고 더러움이 없는 경건은 곧 고아와 과부를 그 환난 중에 돌보고 또 자기를 지켜 세속에 물들지 아니하는 그것이니라 약 1:27

하나님께 자기의 전부를 드리려는 감정과 의지로 점철된 경건은 의무감에서 이루어지는 행위가 아니라 내주하시는 그리스도로 말미암은 자연스러운 현상이며, 이로써 그리스도를 드러내게 된다. 그래서 경건이라는 말은 도덕이나 신앙고백 이상의 의미를 지닌다.

그것은 하나님을 기쁘시게 하려는 생활과 말씀에 충실하려는 의지까지도 포함한다. 그렇지만 경건하게 살고자 하는 자에게 핍박이 있을 거라고 성경은 말한다.

무릇 그리스도 예수 안에서 경건하게 살고자 하는 자는 박해를 받으리라 딤후 3:12

"성경에서 경건한 본을 보여준 사람들은 욥과 한나, 다니엘, 오바댜, 느헤미야 등이 있다. 그러나 외적인 경건한 모습을 보여주었던 바리새인들은 예수님의 책망을 받았다. 그래서 경건의 삶은 자아가 먼저 죽지 않으면 도저히 불가능한 삶이고, 내세에 대한 소망이 없으면 또 불가능했다."

- 출처: 한국컴퓨터선교회 KCM사전

육체의 연단은 약간의 유익이 있으나 경건은 범사에 유익하니 금생과 내생에 약속이 있느니라 딤전 4:8

내세에 대한 소망은 제자들과 초대교회 사람들을 완전히 바꾸었다. 사람이 살아가면서 죽음을 생각하지 않으면 불행하다는 말은 어제오늘의 이야기가 아니다. 나 또한 김용기 장로님과 이어령 교수님, 엘리엇 테퍼와 나 자신의 경험을 통해 금생과 내생을 충분히 설명할 수 있게 되었다.

다음은 김용기 장로님이 가나안농군학교에서 하신 강의를 간략히 정리한 것이다.

인간은 죽음을 두려워하기 마련이다. 그러나 두려워한다고 해서 죽지 않는다는 보장은 없다. 태어난 이상 언젠가 신의 부름을 받아 떠나는 것이 인간의 운명이다. 그런데 사람들은 금생을 인생의 끝장으로만 보고 내생이 있다는 것을 전혀 믿으려 하지 않고 살아간다.

"죽으면 그만인데 신을 믿으면 뭐 해?", "내생이 있나?"

대개는 이런 식이다. 모르면 모르는 대로 가만히 있지 않고 그것을 아주 부인해버린다. 모르고 사는 것보다는 부정하고 사는 게 속 시원하기 때문이다.

어쩌면 이 세상에는 보이는 형제들도 믿지 않고 살아가는 사람들이 부지기수인데, 하물며 그런 사람들이 보이지 않는 하나님을 믿고 살아간다는 건 있을 수 없는 일이다. 그런 사람들에게 신앙의 힘이 어떤 것인지 그리고 신을 믿어야 하는 이유가 무엇인지 권유해봤자 믿지 않을 게 뻔하기 때문이다.

그러나 분명한 사실은 인간이 죽음에 임박했을 때는 무엇인가를 갈구하며 그것에 의지하여 살고자 한다는 점이다. 마치 물에 빠진 사람이 지푸라기라도 잡으려고 안간힘을 쓰는 것과 같은 이치다. 신을 부정하고 살던 사람들이 신앙이 어떤 것인가를 깨달을 때가 바로 죽음이 가까워졌을 무렵이 아닌가 생각된다. 어쨌든 내세 없는 현세와 무신론의 종말이 얼마나 허무한가를 스스로 생각하며 깨달을 때만이 신앙의 힘이 어떤 것인가를 알게 된다.

신을 믿고 신의 뜻에 따라 생활하는 것은 궁극적으로 영생을 얻기 위해서다. 영생을 얻는다는 것은 돌아올 내세에서 영원한 복의 생명을 얻는다는 뜻이다. 그렇다면 현세의 생활이 영생을 얻기 위한 신앙생활(예수의 제자들과 초대교회 사람들은 이것을 알게 되었다. 그래서 경건의 삶을 살았다)이라면 과연 내세는 확실히 있는 것일까? 곤충의 일생은 그 질문에 대해 어떤 힌트를 줄 수 있을지 모른다.

곤충에게는 전생, 금생, 내생이 있어 확실히 영생하고 있다. 매미의 전생은 굼벵이며, 굼벵이의 내생은 매미다. 굼벵이의 지하 생활은 고난과 암흑이며 그 기간이 가장 길다. 그런 생활을 하던 굼벵이가 어느 순간 허물을 벗고 매미가 되어서 하늘을 날며 노래한다.

해학 같은 이야기지만 매미는 임금이 살던 경복궁이나 창덕궁 같은 고궁 숲은 물론이고 호화 별장을 가진 사람들의 정원에도 마음대로 들락거린다. 확실히 매미의 세상은 굼벵이에게는 분명한 내생이며 그것을 영생으로밖에 볼 수 없다.

굼벵이의 비참한 땅속 생활에 비해 매미의 공중 생활은 하나의 큰 기적이며 명랑하고 즐거운 복락 생활이다. 분명 하늘을 마음대로 날며 짙은 녹음 속에서 생활한다는 것은 굼벵이에게는 낙원이며 천국이 아닐 수 없다.

인간의 전생을 모태에서의 280일이라고 한다면 금생은 현세를 사는 우리의 일생이다. 내생은 전생, 금생에서의 모든 고통을 벗어난 영생이 아닐 수 없다. 그러므로 굼벵이가 매미가 되어 내세로 가듯이 우리의 육체가 없어진 다음에 내세로 가는 것은 너무나도 당연한 귀결이다.

왜냐면 굼벵이도 죽은 다음에 다시 태어나는데 영혼이 있는 인간이 다시 날 수 없다는 것은 동물과 하등 다를 바 없는 무가치한 인생임을 스스로 자인하는 길밖에 되지 않기 때문이다. 도대체 탄생도 하는데 재생은 왜 못 한단 말인가!

원주 가나안농군학교 입구

내생을 믿는 사람들

나는 심각한 우울증으로 자살을 세 번 시도한 적이 있다. 과거의 그 기억이 때로는 힘이 되기도 하고, 때로는 어려움으로 남기도 한다. 우울증이 깊어진 이유는 삶에 대한 회의, 가장으로서 할 수 있는 게 없다는 자신감 결여 그리고 원인 모를 죽음에 대한 깊은 묵상 때문이었다.

지극히 개인적인 체험이지만 죽어야 한다는 소리가 내 귀를 떠나지 않았다. 누군가는 이를 두고 사단의 속삭임일 수 있다고 했는데 그럼에도 들려오는 소리를 도저히 무시할 수 없었다.

'네게 넥타이가 있잖아. 내가 시키는 대로 하면 편안하게 이 세상을 떠날 수 있어. 목을 매!'

이런 소리가 계속 들려왔다. 그러던 어느 날 대전 외곽에 있는 대청산 기도원 옆의 연수원으로 무작정 올라갔다. 그리고 아무도 없는 한적한 공간에 자리 잡은 큰 나무에 밧줄을 걸었다. 나는 돌을 층층이 올린 뒤 그 위로 올라가 밧줄을 목에 걸고 눈을 감았다.

이제 몸을 비틀기만 하면 아무도 없는 이곳에서 삶을 마감할 수 있었다. 그때 아무도 없는 깊은 산 속에서 울려 퍼진 목소리를 잊을 수 없다. 천국과 지옥은 보지 못했으나 '지옥이 이보다 무서울까' 하는 생각이 들 정도로 무서운 음성이 우레처럼 들렸다.

'너, 이렇게 죽으면 지옥 가!'

나는 두려움에 떨며 목에서 밧줄을 거두었고, 잠시의 망설임도 없이 그 자리에 더 머물면 안 되겠다는 판단을 했다. 당시의 무서움을 표현한다면 나를 해치려는 어둠과 나를 구하려는 또 하나의 실체가 전쟁을 앞두고 마주 보고 있는 것 같았다. 급하게 산에서 내려오면서 '내가 어떻게 여기까지 올라왔지?'라는 의문이 일었다. 무섭고 거칠었으며 어둠이 짙은 산이었다.

이 경험 이전의 유체 이탈 경험도 내 인생에 신비로 남아있다. 수면제 70알을 먹고 이젠 죽었다고 생각되는 현장에서 거듭 일어나라고 외치던 그 음성은 지금도 가끔 들려온다.

나는 이러한 개인적인 체험을 통해 금생과 내생, 천국과 지옥, 빛과 어둠을 인지할 수 있게 되었다. 이와 같은 경험에 대하여 다른 의견들이 있을 수 있어 지금까지는 절제했으나 이제는 이와 같은 체험을 더 이상 감추지 않을 것이다. 내가 죽지 않고 살아있으며, 지금 하는 사역이 하나님께서 기뻐하시는 일이고, 누구나 할 수 있는 일은 아니기 때문이다.

여호와의 오른손이 높이 들렸으며 여호와의 오른손이 권능을

베푸시는도다 내가 죽지 않고 살아서 여호와께서 하시는 일을 선포하리로다 여호와께서 나를 심히 경책하셨어도 죽음에는 넘기지 아니하셨도다 내게 의의 문들을 열지어다 내가 그리로 들어가서 여호와께 감사하리로다 시 118:16-19

2부

부활의 사람들

부활을 살아가는 삶

이용규

다큐멘터리 작업은 두 갈래로 진행하기로 결정되었다. 일단 방송용으로 2019년 성탄절에 맞춰 방영하고, 2020년 부활절 즈음 영화를 개봉하는 것을 목표로 방송용과 영화용 두 작품을 동시에 촬영하기로 했다.

방송용은 2부작으로 정했다. 1부는 앞에서 설명한 대로 예수님의 제자들의 삶의 변화와 죽음을 취재하는 데 초점을 맞추고, 2부는 현재 이 땅에서 부활을 살아가는 사람들을 찾아서 그들의 삶을 영상에 담을 계획이었다.

- 천정은 자매

그 과정 가운데 죽음을 향해 경주하는 분들을 만났다. 그 중 한 사람이 천정은 자매다. 그녀는 피아니스트였다. 유복한 가정에서 부족함 없이 자랐기에 젊어서 돈 쓰는 데 어려움 없이 화려한 삶을 살았다고 한다.

그러던 어느 날 그녀에게 암이 찾아왔다. 암 투병으로 씨름하던 중에 그녀는 교회를 소개받았고, 성령 체험으로 하나님을 만났다. 그리고 얼마 후 암이 사라지는 은혜를 입었다.

이후 암에서 회복된 체험을 열심히 간증하기도 했다. 그러나 몇 년이 흘러 어느 시점에 암이 재발했다. 내가 그녀를 만

낯을 때는 65차 항암 치료 중이었다. 당시만 해도 65차까지 항암을 견뎌낸 사람의 이야기를 들어본 적이 없었는데 최근 79차까지 받았다고 들었다. 현존하는 모든 항암제를 다 사용해본 것이다.

영화 촬영이 결정된 후 서초동의 어느 식당에서 자매를 처음 만났다. 머리카락을 밝은 노란 색으로 염색하고 나온 자매는 생생한 젊은 여성의 모습이었다. 여윈 볼 외에는 그녀에게서 아픈 기색을 찾아보기 어려웠다. 밝은 웃음 역시 그 무서운 병색을 발견하기 어렵게 했다.

나중에 머리카락은 가발이라는 이야기를 들었다. 항암으로 머리카락이 한 가닥도 남지 않았다고 했다. 이 자매에 대해 한 의사가 '걸어 다니는 시체'라는 표현을 사용했다. 이미 뼈까지 암이 전이되었고, 뼈의 곳곳에 구멍이 생겨서 걸어가다가 털썩 주저앉는 것만으로도 뼈에 금이 가거나 부러질 수 있다고 했다. 척추뼈라도 부러지면 그대로 삶이 끝날 수 있었다.

어찌 보면 살얼음판을 걸으며 생명을 유지하는 상황이었다. 그런데 놀랍게도 그녀에게서 죽음과 어두움의 흔적이 전혀 느껴지지 않았다. 그녀 안에 무언가 특별한 힘이 있음을 알 수 있었다. 그리고 그 힘에 의지해 하루하루를 살고 있음이 느껴졌다.

더구나 정은 자매는 암 병동을 다니면서 많은 암 환우들을 위로하며 복음을 전하고 있었다. 그녀는 그 일을 오랫동안 감당해왔다고 했다. 암을 가장 오래 앓고 있고, 또 병원 생활도 오래 했기에 그녀의 경험을 나누는 것만으로도 암 환자들에게 큰 위로와 도움이 되었다.

　그녀의 주치의가 "자기만 생각하고 이기적으로 살아도 뭐라 할 사람이 없는데 그토록 헌신의 삶을 사는 게 이해되지 않는다"라고 할 정도였다.

　2019년 초여름, 나는 한국에 나왔다가 정은 자매의 병원 진료 장면 촬영 과정에 참여했다. 인터뷰 중에 자매가 이런 고백을 했다.

　"암은 제게 선물이고, 죽음은 소망이에요."

　이 말이 이해되고 마음에 깊이 와닿았다. 나는 암이 축복이라는 사실에 동의한다. 다른 죽음과 달리 암은 사람에게 죽음을 준비할 시간이 많지 않음을 알려준다. 그리고 준비할 기회를 준다. 인생에서 가장 귀한 게 무언지 생각하게 하고, 그것에 집중할 수 있게 돕는다.

　물론 자매가 암과 싸우는 과정은 쉽지 않았을 것이다. 고통 가운데 씨름한 수많은 날이 있었을 것이다. 휴머니즘은 고통을 가장 나쁜 것으로 본다. 그렇기에 인간을 고통에서

아내 최주현 선교사, 천정은 자매와 함께

해방시키는 것이 중요한 목표가 된다. 그런데 영적인 영역에서 고통은 '우리를 영원의 열린 문으로 인도하는 길잡이'가 되기도 한다. 고통이 없었으면 찾지 않았을 인생의 궁극의 가치를 탐색하게 한다.

자매를 취재하던 중 김 감독님이 말했다.

"천정은 자매에게 어렵게 허락을 받아 자매의 침실에 카메라를 설치한 적이 있어요. 나중에 담긴 영상을 보고 눈물이 나서 혼났습니다. 가발을 벗고 누워서 홀로 고통 가운데 신음하며 구르는 모습이 영상에 고스란히 담겼더군요."

정은 자매는 그런 고통스런 밤의 아픔을 넘어서 아침에는 다시 밝은 얼굴로 사역을 위해 사람들을 찾아 나섰다.

나도 사역의 현장에서 죽음의 문턱을 넘는 순간을 만난 적이 있다. 권총의 위협, 차 사고의 위험, 여행이나 사역 중에 만나는 다양한 위협 가운데 죽음이 옆을 스치고 지나감을 느꼈다. 그 순간, 죽음의 위협에 떨기보다 담대하게 고비를 넘는 과정에서 하나님이 주시는 평안이 어떤 것인지 경험했다. 그래서 언젠가 찾아올 죽음의 순간도 담담히 맞을 수 있을 거라고 생각했다.

하지만 아니었다. 나는 인도네시아에 들어간 지 6개월 만에 한국에 와서 췌장 수술을 받았다. 수술 후 췌장관이 새는 대형사고가 발생했다. 평생 불구로 살 수도 있는 절박한 상황이 오자 나는 며칠간 평안을 잃었다. 담담히 끝을 맞이할 수 있을 거라는 예상과 달리 반응하는 나를 만났다.

그 시간 동안 계속되는 고통의 위협 가운데 막연한 두려움과 싸웠다. 아마 정은 자매도 그런 싸움의 시간이 있었을 것이다. 그리고 그 시간을 지나 돌아보니 자신을 괴롭히는 암조차도 선물이었음을 고백하게 된 것이다.

촬영을 마치고 함께 저녁 식사를 하는 중에도 자매에게 암 환우들로부터 여러 통의 전화가 왔다. 자신의 괴로움을 호소하는 전화부터 바로 도움을 요청하는 긴급한 전화까지 있었다. 병이 없이 건강한 나도 지칠 만한 일정이었다. 저녁이 되니 그만 쉬고 싶었을 것이다. 그런데 힘든 몸을 이끌고 다시 한 영혼을 돕기 위해 운전하여 가는 그녀의 모습을 보며 먹먹함을 느꼈다.

-이어령 교수님

인도에서 촬영을 마친 후, 무언가 중요한 보충이 필요하다고 느꼈다. 그중 하나는 삶과 죽음의 문제에 대해 일반인을 대상으로 권위를 가지고 설명해줄 누군가와의 인터뷰였다.

그러던 어느 날, 이어령 교수님이 생각나서 김상철 감독님에게 제안했고 마침내 인터뷰가 이루어졌다. 교수님도 암 투병 중이었다. 그럼에도 수술이나 항암치료를 하지 않고, 암과 더불어 죽음의 순간까지 믿음으로 살아내는 삶을 경험하기를 원하고 있었다.

교수님은 사랑하는 큰딸 이민아 목사님을 암으로 여의었다. 무신론자로 살아가던 이 교수님이 하나님을 믿을 수 있도록 인도해준 딸이었다. 한국에서도 수재였고, 미국에서 검사가 된 딸은 교수님의 자랑이었다. 그러던 딸이 자기 아들의 병 때문에 씨름하는 중에 하나님을 체험한다. 그 후에도 그녀에게 계속되는 육신의 고통이 있었고, 그 가운데 실명(失明) 위기에 처하기도 했다.

이어령 교수님은 딸의 실명을 놓고 기도하던 중에 "딸을 치유해주시면 하나님을 믿겠다"라고 서원하기에 이른다. 그리고 딸의 극적인 치유를 보았고 하나님을 믿게 되었다. 하지만 그 사랑하던 딸도 암에 걸려서 결국 세상을 떠났다.

교수님은 딸이 암에 걸려 고통스러워하면서도 죽음의 두려움을 이기고 당당했던 모습을 기억한다고 했다. 그리고 자신도 그 믿음으로 죽음을 대면하기를 소망했다.

그의 입으로 들려주는 삶과 죽음에 대한 묵상은 방대하고 치열했다. 원래 보좌진들은 영화팀에게 교수님의 건강을 고려했을 때 한 시간 이상의 인터뷰는 무리가 되니 그 안에 마무리해달라고 당부했다. 그런데 교수님이 세 시간 넘게 멈추지 않고 이야기를 나눠주셨다.

"원래 사람이 나이가 들면 말이 많아져요. 저도 나이가 든 거죠. 하지만 나이가 많아서만은 아니고….."

교수님은 평생 글을 쓰고 강연해오신 분이다. 수많은 글을 썼고, 수많은 독자가 읽고 반응했다. 그러나 정작 노년에 영원한 세계에 입문하고 보니 그간 쓴 글 대부분이 자신의 자랑 이상이 아니었음을 깨달았다고 했다.

그가 부활과 영생에 대해 묵상하고 그 세계를 그려보니 후대의 누군가도 이를 깨닫기를 바라는 간절한 마음이 생겼다. 죽음과 부활에 대해 일반인의 언어로 설명하고 그것을 후대에 남겨주어야 한다는 부담이 생겼다. 그래서 자신의 마지막을 자신의 언어로 쏟아내야 한다는 거룩한 부담 때문에 인터뷰에 응했다고 말했다.

안타까운 마음으로 삶과 죽음 그리고 그 너머에 기다리는 것을 진지하게 풀어가는 그의 노력을 보며 사도 바울이 자신의 제자 디모데에게 마지막으로 남긴 말이 생각났다.

전제와 같이 내가 벌써 부어지고 나의 떠날 시각이 가까웠도다 나는 선한 싸움을 싸우고 나의 달려갈 길을 마치고 믿음을 지켰으니 이제 후로는 나를 위하여 의의 면류관이 예비되었으므로 주 곧 의로우신 재판장이 그 날에 내게 주실 것이며 내게

만 아니라 주의 나타나심을 사모하는 모든 자에게도니라

딤후 4:6-8

얼마 전에 교수님이 사무실도 폐쇄하고 자택에만 계신다는 소식을 들었다. 죽음을 향한 과정의 고통에도 불구하고 교수님에겐 삶의 마지막에 우리에게 줄 혜안과 깨달음이 있을 거라고 기대했다. 어찌 보면 교수님이 쇠약해가는 인생의 마지막 시기가 오히려 영적으로 보면 삶의 황금기라는 생각이 들었다.

천정은 자매와 이어령 교수님의 삶에 찾아온 변화는 단순히 부활에 대한 지식 습득을 통한 게 아니었다. 계시적 빛이 마음과 생각에 비치어 영적인 세계가 새롭게 믿어지게 된 것이다. 그 빛이 들어와 과거의 어두움을 인식하게 되었듯이 짙은 어두움이 깔린 죽음 너머에 비칠 한 줄기 빛도 기대할 수 있게 된 것이리라.

삶과 죽음

———

김상철

죽음이 죽어버린 시대

이어령 교수님은 인터뷰 도중 삶과 죽음은 붙어있다고 했다. 죽는 것이 곧 사는 것이기에 '죽기 아니면 살기'라는 말은 있지만 '살기 아니면 죽기'라고는 하지 않는다고도 했다. 그리고 과거에는 죽음을 감추지 않았으나 지금은 감추고 있다고 지적했다.

죽음이 죽어버린 시대이기에 삶이 없다는 말씀. 한 시대를 관통한 원로의 진단은 성경의 진리를 깨닫는 지혜와 함께 막힌 가슴을 뚫기에 충분했다. 죽음이 죽어버린 시대를 이 교수님은 이렇게 설명했다.

"옛날에는 태어나는 것을 금기시했어요. 그래서 애들이 '엄마, 나 어디서 낳았어?' 그러면 '다리에서 주워 왔어'라고 했죠. 서양 애들이 질문하면 '황새가 물어다 줬어'라고 말했어요. 탄생이 금기시되고 죽음은 오히려 열려있었던 거예요. 시체를 볼수 있었고, 길거리 가다가 보면 죽은 사람이 있을 정도로 죽음이 일상적이었어요.

지금은 어때요? 탄생이 금기시됐던 게 지금은 열려서 누구나 성교육을 받아서 다 압니다. 애들이 어머니 배에다 대고 제 동생에게 얘기한다고 하지요. 오늘날은 거꾸로 죽음이 금기시됐어요. 시신을 보여주지도 않고, 애들이 죽은 사람을 보지 못하게 가리지요. 시신을 화장하면서부터 유럽에서는 죽음이 사라졌어요. 전에는 구체적으로 죽음이 길거리에 있었고, 내 이웃에 있었죠. 집에서 할아버지가 죽는 걸 모두가 지켜봤는데, 요즘엔 전부 병원 영안실에서 차단하죠. 그만큼 죽음이 금기시됐다는 거예요. 그렇기 때문에 현대의 가장 큰 문제는 죽음이 죽어버린 것입니다."

더는 다시 태어나지 않기 위해 평생 기도하는 사람들이 있음을 알고, 인도 바라나시로 갔다. 그리고 놀랍게도, 진리에 접근하지 못했다고 생각되는 사람들이 죽음을 감추지 않는 모습을 보았다.

인도 바라나시의 마니까르니까 가트(Manikarnika Ghat, 화장터)에서 늙어 죽음을 맞이한 한 여인의 주검을 보았다. 그 주변에 수백 명이 모여 마른 장작의 불꽃과 함께 재가 되는 과정을 지켜보았다. 힌두인들에게 구원은 다음 생에 태어나지 않는 것이며, 그것을 '해탈'이라고 한다. 이들에게 삶은 고통이고, 윤회는 고통의 연속이기에 삶이 멈춰 무(無)로 돌아가는 걸 '구원'이라고 믿는다. 그러므로 이들의 모든 종교적 행위는 다음 생을 위한 거였다. 그래서일까, 이들은 그곳에서 죽음을 죽이지 않고 있었다.

이어령 교수님은 '죽음이 죽지 않는 한 죽음은 사라지지 않을 것'이라며 인간의 출생 과정을 비유로 설명해주셨다.

"사람이 모태에서 280여 일을 지낸 후 죽음이라고 생각되는 과정을 통과하면 다시 태어나는 것입니다. 호흡이 달라지는 것을 죽음이라 정의하고, 모태 밖 세상으로 나와 새 호흡을 갖게 되는 것을 '죽음을 통해 새 삶을 살게 되는 것'으로 보는 것이지요. 그리고 그 호흡이 정지하면서 또 한 번의 죽음을 맞게 됩니다."

"저는 문학을 하는 사람이기 때문에 이렇게 말합니다. '태어남과 죽음이 가장 중요한 건데 우리는 둘 다 모른다. 세 살 이전 기억이 없다. 죽거나 식물인간이 되면 옆에서 떠들어도 모른다. 가장 중요한 생사를 우리는 모른다. 그럼 어떻게 알아야 되나? 그래서 종교가 있는 것이고, 믿음이 있는 것이고, 우리들의 영적 활동이 있는 것이다. 그래서 영어를 보면 우연히도 어머니의 자궁을 움(womb)이라 하고 무덤을 툼(tomb)이라고 한다. 나머지는 다 같은데 w자와 t자의 차이다'라고요."

"보십시오. 우리 어렸을 때는 뭘 차나요? 기저귀를 차지요. 죽으면 수의로 갈아입어요. 천과 천이지요. 태어날 때는 숨을 들이 마셔요. 폐가 열리니까 이렇게 들숨을 쉬면서 '으앙~' 하고 우는데 그때 최초로 대기와 하나님의 빛을 경험해요. 안 믿는 사람은 그냥 자연이라고 하면 돼요.

물에서는 아가미로 숨을 쉬었는데 이제는 폐가 열리면서 공기가 들어오는 거예요. 그때 울음이 터져 나와요. 그런데 죽을 때는 어떻게 죽어요? 마지막 죽을 때는 '휴~' 하고 한숨을 쉽니다. 그러니까 인생이라고 하는 게 태어날 때 '흠~' 하고 마시고 죽을 때 '흠~' 하고 뱉는 것의 계속인 거예요.

그러니까 인생 '일장춘몽'이 아니라 인생 '일장 한 호흡'이지요. 그 호흡은 뭐냐? 공기는 보이지 않아요. 하지만 사람은 호흡을 하면서부터 생을 시작해요. 물질이 생명으로 바뀌는 거죠. 산소가 에너지로, 생명으로 바뀌는 거예요. 그렇기 때문에 물질과 생명을, 생명과 죽음을 떼어놓고 생각하는 이분법에서는 절대로 영생과 부활이 없어요.

삼원순환하는 데서, 가위바위보처럼 끝없이 되풀이되는 순환 속에서 이어져가는 거죠. 한국 사람들이 그걸 알기 때문에 '죽기 아니면 살기'라고 하지, '살기 아니면 죽기'라고 안 하거든요. 죽는 게 먼저고 사는 게 뒤에 와요. 그게 '본 어게인'(Born again)이지요.

죽음이 끝이 아니에요. 죽기 아니면 살기니까 죽고 난 다음에 삶이 있고 또 죽음이 있고 또 삶이 있고 그렇게 끝없이 되풀이

되는 겁니다. 그러므로 인간들의 하나의 영구한 삶의 순환구조가 바로 생사단절이 아니라 끝없이 순환되는 삼원순환으로 가는 것이 바로 오늘날 부활의 의미이고 그 부활을 믿는 근거라는 것이지요."

이어령 교수님의 표정이 진지할수록 교수님과의 인터뷰는 늙고 병들어 죽어가는(나는 이 표현을 나쁘다고 생각하지 않는다) 한 학자의 진실함과 고뇌를 동시에 느끼게 했다.

교수님은 죽음에 관심이 많았는데 그 이유는 앞서 언급했듯이 죽음이 곧 새 삶으로 가는 과정이라고 보기 때문이고, 죽음에 대한 인식 자체가 부활 신앙에서 오기 때문이었다.

교수님은 계속해서 이렇게 나누었다.

"모 신문의 인터뷰에서 앞으로 유언과 같은 글을 쓰는 게 내 마지막 희망이고, 그 글은 내가 죽음 앞에서 말하는 거라고 했어요. 앞으로도 많은 사람이 죽어갈 것인데 그들에게 '죽음이 이런 것이다'라는 일각의 정보를 주는 거죠. 그 정보가 사람들에게 놀라움이든 근심이든 기쁨이든 메시지로 전해질 수 있으면, 내 죽음은 그 사람의 죽음이 될 거예요. 내 메시지가 그 사람의 메시지가 될 때, 죽음이 있는 한 내 이야기는 끝나지 않는다는 게 죽음에 대한 내 생각이에요.

'죽음과 함께 가자. 내 종말은 죽음에 대한 얘기를 쓰자.' 죽음이 존재하는 한 죽음은 죽지 않아요. 진짜 잘 믿는 사람(부활을 믿는 사람)은 내 죽음에 대한 글이 필요 없어요. 그렇지 않고 끝없이 죽음을 느끼고 고통을 받는 사람에게 내 죽음의 메시지가 어떤 형태로든 가슴에 남는다면 죽음 속에 내 언어들은 끝없이 부활할 거예요.

인생의 90퍼센트를 무신론자로 살았던 내가 마지막 걸고 있는 희망은, 죽음은 이길 수 없으되 죽음을 글로 쓰며 죽음을 관찰하고 '이런 것이 죽음이다'라고 죽음 직전까지 그것을 바라보는 죽음의 메시지가 모든 죽는 자의 죽음 속에서 끝없이 되살아날 거라는 점이에요.

모든 것들이 죽음 앞에서 무릎 꿇고 그냥 끌려가는 게 아니라 그 죽음의 얼굴을 똑똑히 보고 하루하루 죽음의 모습을 바라보며 뭔가를 그 죽음에 얹어놓으면, 그 어둠 속에서 바로 빛의 씨앗을 담을 수가 있어요."

이어령 교수님은 죽음이 죽지 않는 한 당신이 쓰고 있는 죽음과 관련된 책은 영원히 존재할 거라고 했다. 우리가 간증하고 고백하는 신앙의 여정이 주님 오실 때까지 남아 복음의 통로가 되었으면 한다.

이반 일리치의 죽음

교수님은 《이반 일리치의 죽음》이라는 작품을 통해 우리가 죽음 앞에서 만나야 하는 빛, 그 빛을 비유해주셨다.

"죽음이란 뭔가를 가장 근접하게 드러낸 작품이 톨스토이의 단편소설 《이반 일리치의 죽음》이라고 생각해요. 주인공인 이반 일리치가 불치병에 걸려요. 그러니까 모든 사람에게 야속한 생각이 드는 겁니다. 마누라는 딸하고 쇼핑이나 하러 다니고 말이죠. '내가 이렇게 아픈데 너희들은 내게 무관심하다'라고 생각해요. 또 판사인 자기가 죽으면 어떤 사람이 자기 자리에 오를 건가 생각하죠.
그래서 큰 아픔과 고통을 느끼며 특히 가까운 사람들에게서 배신감 같은 것을 느낍니다. 그가 마지막 고통 속에서 숨을 거두는 순간, 아무것도 없는 깜깜한 밤, 깜깜한 절벽 그 어둠 속으로 자기가 추락하는데 얼굴에 뜨거운 것이 하나 툭 떨어지는 거예요.
평소에 무뚝뚝하고 애정도 별로 안 느껴졌던 아들 녀석이 아버지가 너무 고통스러워하니까 눈물을 흘린 거예요. 그 아들의 눈물이 아버지 얼굴에 떨어진 거지요. 그때 그는 알았어요. '아! 나는 내 고통만 생각했지 내가 아픈 것이 남들에게 고통을 준다는 생각을 못했다. 내가 고통스러워하는 것을 알고 저 아들이 그 고통 속에서 눈물을 흘려주고 있구나. 나는 저 사람들이 내게 해주는 것만 생각했지, 내가 저들에게 고통을 주는 것에 대해서는 한 번도 생각한 적이 없다. 저 아이가 눈물을 흘려주는 순간 그걸 알게 됐다.'

아들이 흘려준 한 방울의 눈물이 조그마한 빛이 되어 그 어둠 한 켠에서 비치는 거예요. 그것이 이반 일리치의 죽음인 것이지요. 아무것도 없는 암흑에 있는 그에게 아들이 고통 속에서 흘려준 한 방울의 눈물. 그 사랑의 눈물로 인해 죽음의 어둠 속에도 한 점의 빛이 있다는 걸 발견한 거예요. 이것이 결국 톨스토이의 크리스천 메시지이고, 그가 부활을 논하지는 않았지만 죽음이 끝이 아니고 저 건너에 빛이 있다는 것을 본 것이죠.

이는 베토벤의 유명한 곡 〈환희의 송가〉와 같아요. 어두운 동굴은 산고의 고통과 같지요. 십자가의 고통과 면류관의 고통이 같아요. 그 엄청난 어둠 속의 통로를 빠져나오면 보이는 환한 초원에 펼쳐진 환희.

가장 슬프고 가장 절망적인 고통 속에서 베토벤은 왜 환희의 노래를 작곡했을까요? 모든 사람이 절망하고 모든 사람이 끝이라고 생각할 때 환희를 불러준 거지요. 그의 일생을 생각해보면 자기가 가장 힘들고 고통스러웠을 때 인간에게 가장 기쁜 노래를 작곡해서 준 거예요. 조그만 예수 아니겠어요?"

작은 예수. 나는 이어령 교수님의 점을 찍는 질문에 그만 몸이 굳었다. 그토록 찾던 제자훈련의 본질적 기능. 옥한흠 목사님이 강조했던 '작은 예수'라는 근원적인 깨달음을 확인하는 순간이었다. 예수를 믿는 사람이 살아야 하는 삶. 경건의 삶, 제자의 삶. 작은 예수로 걸어가는 삶은 죽음을 알아야 하고, 그래서 한 번은 죽어야 한다는 사실을 확인했다.

또한 빛을 볼 때 비추어지는 빛이 참 빛이 아니라 이반 일리치가 보았던 빛, 사울이 보았던 빛, 초대교회 사람들이 보았던 그 빛이 참 빛임을 알았다. 중독자들이 죽음 앞에서 자신들이 '영원의 끝에 살아가는 사람'이라고 고백했던 이유도 그 죽음 앞에서 보이는 빛 때문이었음을 알았다.

'그렇다면 이 참된 진리를 어떻게 해야 할까?'

이에 골몰하다 영화도, 책도, 나의 고백도 시작되었다. 나는 삶과 죽음, 어둠과 빛, 상처와 상흔(스티그마)에 대해 더 알고 싶어졌다.

마지막 노크를 하는 사람

도저히 견딜 수 없는 고통 속에서도 일반인과는 다르게 반응하는 사람들이 있다. 당연히 버리거나 떠날 것이라는 예상을 뒤엎고 여전히 그 자리에 있는 사람들. 그들은 왜 그렇게 반응할까? 나는 그것이 궁금했다. 그래서 만난 사람들이 있는데 한 분은 세상을 떠나셨고, 한 분은 여전히 복음을 전하고 있다.

천정은 자매를 보면 부끄럽기도 하지만 정말 신기하다는 생각이 든다. 서울삼성병원 의사 최병기 선생님도 말씀하셨지만, 자매는 살아있는 것 자체가 이상한 사람이기 때문이다. 그녀는 2020년 4월 현재 79차 항암을 마쳤다. 늘 죽음과 친구로 지내지만 어느 누구보다도 건강하게 살아가는 사람이다. 나는 그녀를 '마지막 노크를 하는 사람'이라고 부른다.

그녀는 죽음이 임박했다고 하는 암, 그것도 말기 암 환자다. 시한부 삶은 조용히 죽음을 기다리며 자신의 주변을 정리하는 기간이다. 그래서 누구는 병원에서 마지막을 보내고, 어떤 이들은 그들만의 방법으로 세상과 이별을 한다.

하지만 정은 자매는 다르다. 매일 전도를 한다. 자신과 같은 암 환우들을 찾아다니며 복음을 전한다.

"저도 당신과 같은 암 환자인데 이렇게 다닙니다. 제가 전하는 복음을 들어주세요. 부활하신 예수님을 꼭 믿으셔야 합니다."

가만히 보고 있으면 전혀 아픈 사람 같지 않다. 그냥 건강한 여성이 전도하고 있는 것 같다.

천정은 자매

천정은 자매, 최병기 (서울삼성병원 방사선과) 실장과 함께

그런데 놀랍게도 그녀의 말을 듣는 사람들이 눈물을 흘린다. 나는 정은 자매와 함께 병원에 다니기도 했고, 함께 기도하기도 했으며, 실제로 그때 만난 이들 중 두 사람의 죽음을 보았다. 이들은 모두 신앙이 있는 사람으로서, 한때는 죽음을 앞두고 두려워했으나 모두 행복한 이별을 했다.

2012년 10월 27일, 초음파를 통해서 처음으로 정은 자매 몸의 암이 발견되었다. 그리고 2013년 4월 10일, 수술이 끝남과 동시에 암이 사라졌다고 했다. 그런데 2015년 12월에 다시 재발했다. 골반뼈, 척추뼈, 갈비뼈에서 암이 발견되었다.

천정은 자매를 만나 동행하는 동안 부활을 믿는 사람인 그녀와 같은 마음으로 신앙생활을 한다면 모든 것이 바뀔 것이라 믿어졌다. 정은 자매는 자신이 하나님에 대한 오해를 풀어주는 역할을 한다고 생각하고 있었다.

그녀는 병원에 가서 암 환우들을 만나 이야기를 나눠보면 예수님을 믿는 사람임에도 불구하고 힘든 일이 생길 때 '하나님은 뭐하시지?', '왜 나에게 이러시지?'라는 의문에 하나님과의 관계 파괴가 일어나는 것을 자주 본다고 했다.

그러나 야고보서에 하나님은 시험을 받지도 아니하시고 시험을 하지도 아니하시는 분이라 했다. 그래서 자매는 하나님은 우리에게 나쁜 것을 주시는 분이 아님을 아는 것과 예수님 안에 있는 현실이 얼마나 안전한지 말해주고 싶어 했다.

예수님이 부활하셔서 정말 살아계신다는 것이 믿어지니까 안전함을 느꼈다는 고백과 더불어, 하나님께서 버리신 게 아니고 좋은 길로 인도하고 계신다는 사실을 알려줌으로써 죽음을 앞둔 사람들이 가지고 있는 하나님에 대한 오해를 바로잡아주었다.

어떤 사람들은 처음부터 들으려 하지도 않았으나 정은 자매가 자신도 암 환우라는 사실을 고백하며 다가가면 마음과 귀를 열었다. 나와 함께 서울삼성병원에 방문했을 때도 천정은 자매가 나타나자 모두가 환영하며 함께 대화를 나누면서 즐거워했다.

정은 자매도 시한부 암으로 인해 두려움의 늪에 빠졌던 시절이 있었다. 그러던 중 두려움의 정체가 '불신'이란 사실을 알게 되었고, 자신의 믿음이 가짜였음을 인정했다. 그 후 어떤 상황이 오더라도 자신의 주인이 하나님이심을 믿고 나아갔는데, 그때부터 흔들림 없는 안정감이 찾아왔다고 했다.

그녀가 사람이 바뀌기 시작하는 때를 살펴보았는데, 마지막 생명이 끊어져가는 사람들 중에는 불신자도 있고, 교회에 다니지만 마지막에 복음을 잊은 사람도 많았다고 했다. 그

때마다 위로해보기도 했고, 사랑의 힘으로 어떻게든 해보려 했지만 그들의 마음은 여전히 하나님으로부터 떠나있었다.

그러던 어느 날 정은 자매는 자신의 힘과 노력을 빼고 오직 복음만 전했다. 깊은 이해 없이 하는 말이 그 사람을 화나게 만들 수 있었지만 복음 안에서 그녀의 말이 전해지면 정은 자매의 의도를 오해하는 사람들이 적었다. 심지어 고린도전서 15장 말씀만으로 영접시킨 사례도 있다고 한다.

"예수님 안에서 무조건 안전하다. 항상 이게 제 담대함의 근원인 것 같아요. 사람들이 두려움에 함부로 지지 않았으면 좋겠어요. 사실은 두려움이 주님의 입장에서 봤을 땐 배신이거든요. 저는 그것이 하나의 배신 형태라는 생각이 들었어요. '내가 너를 지명하여 불렀고 네 구속의 근원이 될 것'이라고 하셨잖아요. '네가 내 것이니까 내가 보호할 거야. 안전히 보호할 거야'라고 하셨는데, '난 지금 무섭고 아프니까 당장 내가 원하는 대로 해결해주세요. 그래야 하나님이지…'라면서 너무 이기적인 마음으로 돌아가는 잘못된 과정을 끊어줘야겠다고 생각했어요.
그 두려움과 불평을 끊을 수 있는 길은 사람이 위로해줘서 되는 게 아니고, 이해해줘서 되는 것도 아니고 정확하게 복음 앞에 이 사람이 굴복했을 때 자연스럽게 일어나더라고요. 그래서 '복음을 전하러 가는 발걸음을 멈추면 안 되는구나'라고 생각했어요."

천정은 자매가 예수님을 영접하던 날의 차림새는 딱 암 환자였다. 그런데 영접한 다음 날부터 과감하게 하이힐을 다시 신고 가발을 썼다.

두피가 너무 아파서 가발 쓰는 게 힘들었지만 '내 몸이 내 것이 아니다'라고 생각했기에 힘을 냈다. 그녀는 복음은 기쁜 소식이고, 그래서 기쁘게 전해야 하는데 아파서 힘없이 "예수님을 믿으세요"라고 하는 건 말이 안 된다고 생각했다.

정은 자매는 자신이 믿고 확신하는 그 확실한 것을 전하고 싶어 했다. 그녀는 환자분들이 속지 않았으면 좋겠다고 했다.

"진짜 환자는 예수님을 모르는 사람들이지, 병이 나거나 몸이 아픈 사람이 환자가 아니에요. 세상의 감기도 불치병이고 암도 불치병인데 우리는 감기는 작은 병이고 암은 큰 병이라고 생각하지요. 이건 우리의 관점의 차이예요."

그녀는 자신이 암 환자이기에 두려워하면서 예수님 믿으라고 하는 건 어불성설이고 위선이라고 생각했다.

우리가 고통 중에 있을 때 힘들어하는 것은 자연의 섭리지만, 예수님을 믿음으로 그 힘듦을 충분히 긍정과 희망으로 극복할 수 있지 않을까? 정은 자매는 누구나 힘들어하는 죽음의 끝에서 암과 싸우고 있지만, 마음으로 힘들어하지는 않는다. 부활을 믿기 때문이다. 사람의 의지가 믿음과 결부되었을 때 어떻게 되는지 정은 자매를 통해 알 수 있었다.

순교를 앞둔 이들이 눈앞에 놓인 죽음의 두려움과 공포를 이겨낼 수 있었던 가장 큰 동력은 '믿음'이었다. 더 정확하게 말하면 '부활의 믿음'이었다. 사도행전 1장 22절 말씀에 기록되었듯 제자들이 전한 예수의 부활을 믿는 믿음이었다.

2019년 MBC 성탄특집 다큐 〈부활〉이 방송된 후, 두 사람이 생각났다. 황정희 집사님과 조은주 권사님. 황 집사님은 단역 배우로 활동하다가 정은 자매로 인해 주님을 다시 만났다. 마지막까지 다시 회복될 거라는 확신이 있었지만 결국 주님의 품으로 돌아갔다.

하지만 나는 황 집사님의 마지막을 잘 알고 있다. 돌아가시기 며칠 전에도 정은 자매와 함께 만나 복음을 나누고 조 권사님 병실을 찾아가 서로 힘을 내자고 위로하며 웃었다. 권사님 역시 마지막에 잠시 믿음이 흔들리기도 했으나 고생 없이 편안하게 가셨다고 했다.

오른쪽 사진 속에는 이미 세상을 떠난 두 분과 정은 자매, 그리고 내가 있다. 살아있다는 것이 무엇일까? 죽었다는 것은 또 무엇일까? 삶과 죽음이 모두 담긴 사진 속에서 다시 만날 소망이 그려진다. 우리가 이 세상에 머물며 고통이라는 감추어진 축복을 경험하는 이유가 있을 것이다. 아마도 하나님의 은혜는 어떤 고통으로도 가릴 수 없다는 사실을 증거하기 위함이 아닐까.

천정은 자매의 병원 심방(고 조은주 권사, 고 황정희 집사와 함께)

3부

인도,
도마의 발자취를 따르다

부활 여정 그리고 동행

이용규

감독님은 제자들의 삶을 추적하는 우리의 여정을 그대로 영상에 담는 방법으로 다큐멘터리를 제작하기로 했다. 그의 첫 영상 다큐멘터리 작품인 〈잊혀진 가방〉에 사용된 방식이 었다.

〈잊혀진 가방〉은 웹 선교회 본부 지하실에 남겨진 가방의 주인들을 찾아 중부 아프리카 오지로 가는 여정을 담았다. 희생과 아픔 가운데 하나님을 경험하고 나누었던 선교사들의 여정이 담긴 작품이었다. 부활을 경험한 예수님의 제자들의 삶의 마지막을 찾아가는 역할을 맡을 몇 사람이 필요했다. 먼저 배우 권오중 씨가 합류하기로 결정되었다.

나는 그를 한 공중파 예능방송에서 보았다. 그는 선천적으로 희귀병을 앓는 아들의 이야기를 솔직히 나누어서 많은 사람들의 공감을 받았다.

우연히 그 방송을 보며 '어쩌면 아픈 아들이 이 분을 하나님께로 인도한 천사이자 연예계에서 이 가정이 보호받는 통로가 되지 않았을까'라고 생각했다. 함께 오른 여정 중에 오중 씨에게 그때의 생각을 잠시 나누었다. 그는 깊은 공감을 표하며 이야기했다.

"실은 아이에 대한 걱정과 힘든 일이 참 많았지요. 아이가 크면서 일주일에 한 번은 목욕탕에 데려가야 했는데 아빠만이 데려갈 수 있었으니까…. 그런 상황이 제가 작품 활동하는 데도 영향을 미쳤어요. 해외 촬영이나 멀리서 장기 촬영해야 하는 작품은 처음부터 포기해야 했으니까요…. 주연급 배역으로 출연할 많은 기회를 버려야 했습니다. 때로는 생계 걱정이 앞서기도 했어요.

그런데 신기하게도 항상 한 배역이 끝날 무렵 또 다른 출연 제안이 들어와서 꾸준히 일할 수 있는 환경이 만들어졌습니다. 그렇게 지금까지 왔지요."

결국 아이를 위해 거를 것을 거르고 분별하며 사는 삶이 그의 삶을 건강하게 만들었다는 생각이 들었다. 그런 건강함 때문에 지금까지 곁길로 빠지지 않고 꾸준히 그 길을 갈 수 있었을 것이다. 그리고 하나님께서 아이를 위한 공급의 통로를 계속 열어주셨다는 사실이 믿어졌다.

오중 씨는 자신이 하나님을 만난 계기도 나누었다.

"저는 부모님이 불교신자인 가정의 삼 형제 중 막내로 성장했습니다. 그래도 초등학교 시절 과외 선생님과 교회에 가는 걸 허락하셨지요. 그때 처음 교회에 갔던 기억이 아직도 남아있습니다. 지금 생각하면 그때 하나님께서 저를 콕 찍어두셨던 게 아닌가 싶어요.

불교 집안에서 자랐지만 그다지 불교적 신앙을 가지지는

않았습니다. 학교에서 가정 조사 때 종교란에 불교라고 쓰거나 어쩌다 부모님을 따라 절에 몇 번 간 정도지요. 청소년과 청년 시절 전반에는 무속신앙에 가까웠어요. 그러다 크리스천 부모님 밑에서 신앙으로 자란 아내를 만나고서야 다시 교회에 다니기 시작했습니다.

하지만 소위 날라리 신자로 다녔습니다. 주일에 교회에 빠지기 일쑤였고, 기독교인답지 않게 지냈지요. 그러던 중 하나밖에 없는 아들 혁준이가 얼마 살지 못한다는 불치병 진단을 받고 정말 힘들었습니다. 그 고통이 이루 말할 수 없었고, 누구 하나 힘이 되지 못했지요.

저는 그제야 하나님께 기도하기 시작했습니다. 여러 검사 때마다 그 병이라는 진단이 나오자, 마지막 검사를 앞둔 아침에 그 병만은 아니길 아주 간절히 기도했습니다. 그리고 주님이 제 기도를 들어주셨지요. 그 이후에 저는 주님의 사랑을 깨닫고, 기도 중에 주님과 약속한 대로 희귀 질환을 앓는 사람들과 난치병 환자와 장애우를 돕기 시작했습니다."

이후에 오중 씨는 다양한 봉사활동에 적극 참여했다고 한다. 그러다 2009년에 김상철 목사님을 만나 교회 설교용 단편 영상을 찍었고, 그 계기로 〈잊혀진 가방〉, 〈제자, 옥한흠〉, 〈순교〉, 〈제자도〉, 〈중독〉 등 많은 기독교 다큐멘터리 제작에 참여했다.

〈제자, 옥한흠〉

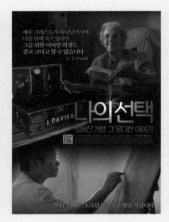

〈잊혀진 가방〉

〈순교〉

〈중독〉

그는 〈부활〉에도 바로 참여를 결정했다. 그는 이 프로젝트에 참여하면서 '부활을 실제로 목격한 사람들은 그 후 어떤 삶을 살았을까' 궁금했다고 한다.

그래서 그는 부활을 목격한 사람들의 흔적을 찾아가는 여정에 들떠있었다. 마치 숨겨진 보물을 찾아가는 것 같은 느낌이랄까. 오중 씨를 보면서 내 안에 그를 향한 기대가 있었다. 이 여정 가운데 그가 부활의 신비의 끝자락을 만져가는 과정이 흥미로웠다.

그의 역할이 특별한 배경 지식 없이 더듬어가면서 실체를 찾아가는 구도자의 모습이라면, 내 역할은 그를 안내하는 것이었다. 여정에 여러 방해도 있고 쉽지 않으리라는 생각이 들었다. 하지만 각자에게 주시는 하나님의 선물과 특별한 은혜가 있을 거라는 느낌이 들었다. 특히 오중 씨에게 주실 메시지가 무엇일지도 궁금했다.

나와 오중 씨만으로는 뭔가 부족하다고 느끼던 차에 배우 이성혜 씨가 합류했다. 성혜 씨와는 인도네시아에서 행사 때 만난 적이 있었다. 2011년 미스코리아 진 출신으로 교회 안팎에서 활발하게 봉사활동을 하는 자매였다.

그녀는 헌신된 평신도 사역자이자 의료인인 부모님으로부터 특별한 신앙교육을 받고 자랐다고 했다. 그런데 미국 유학시절에 왕따를 당하여 자존감의 결핍 가운데 자살을 생각할 정도로 심한 방황기를 거쳤다. 그러다 하나님을 새롭게 만나며 그 사랑 안에서 자존감을 회복한 후로 방황하는 청소년의 길잡이가 되고자 하는 마음을 갖게 되었다.

그녀는 명문인 파슨스 디자인스쿨에서 패션 디자인을 공부했고, 부모님의 권유에 순종하여 미스코리아 대회에 출전, 진으로 뽑혔다. 이것이 하나님의 특별한 계획 가운데 은혜로 된 것을 믿었기에 수상 소감을 통해 "오직 하나님께 영광을 돌립니다"라고 고백할 수 있었다고 한다.

미스코리아 진으로 1년을 보낸 후, 배우의 길을 걷기로 결정했으나 그 과정이 쉽지는 않았다. 청소년을 세우고자 하는 사명이 있었기에 술 광고를 비롯한 건전하지 못한 광고와 작품 섭외를 거절하면서 오랜 무명의 시간을 지나야 했다.

성혜 씨와 대화하면서 삶의 깊은 어두움의 터널을 지나며 그 상처를 별로 바꾸어주신 하나님을 경험한 자매라는 느낌을 받았다. 나는 하나님께서 이 작품을 위해 그녀를 보호하고 지켜주셨다고 생각했다.

권오중 씨가 초신자의 눈높이에서 제자들의 부활 경험을 바라본다면, 이성혜 씨는 헌신된 신앙인의 시선으로 보는 관점에 맞춰질 것이었다. 나는 이 여정의 안내자로서 두 사람이 예수님의 제자들의 사건을 자신들의 삶의 마지막 자리에서 상상하고 느껴볼 수 있도록 도왔다.

도마의 순교지에서 교회를 바라보는 세 사람

우리의 첫 번째 과제는 인도의 델리를 거쳐서 기차로 바라나시에 들어가는 거였다. 도마의 유적으로 들어가기 전에 먼저 가장 인도적인 삶의 모습을 보고 싶었다.

바라나시는 힌두교와 불교의 성지이자 삶과 죽음의 교차 지점이다. 부활을 이야기하기 전에 먼저 죽음을 이야기할 필요가 있기에 그곳으로 인도된 게 아닌가 싶었다.

뉴델리에서 저녁에 출발하여, 다음 날 늦은 오전에 바라나시에 도착하는 일정이었다. 이성혜 씨와 두 명의 여성 음악감독이 동반했다. 인도에서 발생하는 사건 사고에 대해 많이 들었고, 나도 이전에 여러 당혹스러운 사고들을 경험했기에 긴장이 되었다.

잠결에 김상철 감독님이 당황해서 이성혜 씨를 찾는 소리가 들려왔다. 그녀의 침대 자리가 비어있다는 것이다. 머리가 쭈뼛한 상황이었다. 잠시 후 화장실 앞에서 쭈그리고 앉아 쉬고 있는 자매를 찾았다. 자기 자리에 에어컨이 너무 강해서 조용히 나와 덜 추운 자리에서 눈을 붙이고 있었다고 했다.

감사하게도 해외 사역을 많이 했던 그녀는 이런 상황에 익숙하게 반응했다. 우리 팀은 영화 촬영이라기보다는 단기사역을 가는 것처럼 서로 상황에 맞추었다. 우리는 밤새 잠을

별로 자지 못한 채 45도의 뜨거운 더위와 싸우며 험한 인도 속으로 녹아들어 갔다.

바라나시는 힌두인들이 죽어 장사되기를 열망하는 장소이다. 그들에게 갠지스 강은 극락의 상징이며 신적 신성성을 갖는 곳으로 이해된다. 갠지스 강 안에 '가트'라고 불리는 계단과 화장터와 신전이 펼쳐져 있다.

생활용수와 화장 후 버려진 재 등으로 극히 오염되어 있는데도 영적인 신성성 때문에 많은 힌두인이 그 물로 목욕을 하고 마시기도 한다. 힌두인들은 죽은 지 하루 만에 화장해야 하기에 재정적으로 여유 있는 사람들은 죽음을 앞두고 바라나시에서 살면서 죽음을 기다린다고 한다.

이는 갠지스의 신성함을 빌어서 자신이 이생에서 지은 죄를 조금이라도 씻어내어 다음 생은 좀 더 나은 윤회의 사슬에 들어가기 위함이다. 더 나아가서 그 영혼이 윤회의 사슬에서 벗어나 온전한 무(無)로 돌아갈 수 있을 거라 기대한다.

힌두교는 이 세상을 고통으로 가득한 곳이라고 본다. 그래서 죽어서 이곳을 탈출하여 윤회로부터 자유케 되기를 희구하는 것이다.

인도 바라나시

뿌자(Puja) 의식

특별히 허가를 받아서 화장 의례를 촬영하던 중에 갠지스 강의 물을 떠서 시신의 입에 부어주는 걸 보았다. 죄를 씻어 내기 위해서라고 했다. 결국 모든 의례에는 죄를 용서받고 내세에 더 나은 복을 받기 위한 안전장치의 의미가 있었다.

이들의 종교는 인간이 죽음이라는 한계, 죄로 인해 깨어진 관계와 아픔을 해결하려는 노력에 대한 영적인 해답을 제시해주는 것이다. 결국 바라나시에서 우리는 죄와 어두움과 죽음의 그림자가 가진 힘의 횡포를 목도했다. 해가 지자, 자기 정화와 해탈을 희구하며 진행되는 힌두교의 화려한 제사 의식인 뿌자(Puja) 의식을 접했다. 그 가운데 여전히 죽음의 횡포와 숙명의 사슬에 순응하는 어두움이 강하게 피부로 느껴졌다.

김상철 감독님과 성혜 씨도 비슷한 감정을 느꼈다고 했다. 나중에 성혜 씨가 그때의 느낌을 나누었다.

"정말 암흑 같은 깜깜함과 절망이었어요. 죽음과 불확실함이 주는 두려움을 극복하기 위해 행해지는 너무나 많은 의식을 보면서 그 열심과 정성을 다한 삶에도 불구하고, 모든 노력의 끝에 아무것도 존재하지 않는다는 것에 대한 엄청난 절망과 슬픔이 느껴졌어요."

여행자처럼 지나가면서 한 지역의 영적인 분위기의 핵심을 잡는 건 쉽지 않다. 그럼에도 우리가 바라나시에서 공통으로

토로한 건, 신과 죽음에 대한 공포 그리고 그에 대한 순응 가운데 형성된 암울한 무기력감이었다. 어쩌면 이것은 수많은 인류가 죽음 앞에서 느끼는 감정의 한 드라마틱한 표현일 수 있을 것이다. 바라나시에서 우리는 일반인들이 생각하고 느끼는 죽음을 스케치할 수 있었다.

인도로 간 도마

그 힌두교의 땅에 복음을 전하는 사명을 가지고 열두 사도 가운데 도마가 뽑혀서 갔다. 우리 촬영팀은 사도 도마와 관련된 유적을 영상에 담고자 바라나시를 거쳐서 첸나이로 이동했다.

일부 서구 교회사가들은 당시 도마에 대한 직접적 기록이 존재하지 않기에 그가 인도에 갔다는 사실을 증명하기 어렵다고 보기도 한다. 직접적인 문헌 자료의 부족을 들어서 사도 도마가 인도에까지 갔다는 전승을 증명할 수 없다는 입장이다.

하지만 최근 학계에는 동시대 기록이 존재하지 않는다고 해서 전승을 역사적이지 않다고 볼 수 없다는 의견이 많다. 서구 학자들이 로마 교회가 베드로를 자신들의 시조로 보는 견해는 사료 부족 여부를 말하지 않으면서, 아시아 교회가 사도 도마의 복음 전파에 기인했다는 견해에는 의구심을 품는 것 자체가 형평성에 어긋난다고 본다. 1차 사료가 존재하지 않지만 몇 세대 후에 기록된 전승을 신뢰하지 못할 이유도 없다는 것이다(《Christians in Asia before 1500》, Introduction 참조).

성 도마의 사역과 순교는 이미 초대교회의 많은 교부들이 언급한 바 있다(위의 책, 161-162쪽). 2세기 시리아어 문서인 '사도들의 신조'(Doctrine of the Apostles)에는 성 도마가 인도에서 편지를 써서 보냈고, 인도와 주변국에서 전도했다고 기록되어 있다.

210년경 클레멘틴(Clementine Recognitions)과 251년경 오리겐(Origen)은 그가 파르티안(인도 접경 지역)에서 전도했다고 기록했다. 또한 378년 성 에브라임(St. Ephraem)은 "성 도마는 인도에서 순교했다. 그의 유물 일부는 에데사에 일부는 인도에 남겨졌다"라고 기록했다.

그 외에도 수많은 초대교부들(St. Gregory of Nazianzus, St. Gregory of Nyssa, St. Ambrose, St. John Chrisostom, St. Jerom 등)이 도마가 인도에 있었고, 그곳에서 순교했다는 기록을 남겼다. 어떤 기록은 도마가 인도 서북 지역 푼잡의 군다포루스 왕의 영역에서 사역했다고 하고, 다른 기록은 인도 케렐라 지역의 코친, 또 다른 기록은 마드라스(지금의 첸나이 지역)에서 사역하다가 순교했다고 한다.

역사적인 고찰을 보면, 이미 예수님 탄생 200여 년 전부터 인도와 중국에 이르기까지 주요 상업도시와 항구도시를 중심으로 유대 상인들의 거점 지역들이 흩어져 있었다. 사도 바울이 유대인들이 모여 살던 지역의 회당에서 설교하며 전도를 시작했던 것처럼, 사도 도마도 인도 서북 지역과 남부의 케렐라 더 나아가 마드라스까지 전도 여행을 하며 복음을 전파했다고 추정할 수 있다.

당시 인도나 주변 지역의 언어권이 전혀 달라서 기록을 남길 수 없었을 것이고, 그 기록이 보존되는 것도 불가능했을 것이다. 인도는 역사 기록이 있어도 한 세대 이상 전승이 어려운 기후 환경이다. 그래서 주로 구전을 통해서만 전해져 왔다. 비록 도마의 사역과 순교에 대한 전승과 후대 기록만 남아 있지만, 이는 그 이전에 있었던 선교 사역에 대한 기억과 소문을 후대에 기록한 것으로서 여전히 역사성을 갖는다고 이해할 수 있다.

또 하나의 방증은 기원후 어느 시점부터 지금까지 인도의 그 지역들에 기독교 공동체가 지속된 것이다. 인도의 교회는 2천 년의 역사 가운데 끊어지지 않고 기독교 공동체를 보존해왔고 지금 놀라운 부흥과 함께 성장하고 있다. 이런 교회가 그 시작을 사도 도마의 복음 전파 전승에 둔다는 사실은 하나의 역사성을 가진 신앙고백으로 인정받을 필요가 있다.

도마의 순교에 대해 큰 맥락에서는 비슷하지만, 세부적으로는 약간씩 다른 몇 가지 전승이 존재한다. 그중 가장 일반적으로 알려진 한 전승을 요약하면 다음과 같다.

사도들이 예루살렘에 모여서 세계 어느 지역으로 나가서 사역할 것인지 제비를 뽑았다. 사도 도마에게 인도가 뽑혔으나 그는 거부했다. 하지만 그리스도 자신께서 명하심에 그는 자신을 노예로 상인에게 팔았다. 그 상인은 그의 왕인 군다포루스를 위해 일해줄 목수를 찾아 예루살렘에 와 있었다. 그리하여 그들은 배를 타고 인도로 향했다.

군다포루스의 궁정에 도착한 후 도마는 왕을 위해 궁전을 짓도록 명 받았다. 그런데 반대로 그는 가난한 자들에게 막대한 재정을 사용했다. 그는 화가 난 왕에게 궁전은 하늘에 지어졌고, 거기서 그를 기다리고 있다고 말했다.

그 후에 도마는 인도의 다른 지역으로 이동한다. 거기서 도마의 순교가 일어난다. 부유한 궁정 신하의 아내인 미그도니아는 기독교로 개종하고 독신의 삶을 살기로 한다. 그녀의 남편은 애원하고 협박하다가 통하지 않자 미스데우스 왕에게 도움을 요청한다. 하지만 미그도니아는 마음을 확정했고, 이 과정에서 왕의 아내와 아들까지도 개종하게 된다.

이로 인해 도마는 여러 차례 경고를 받았고, 급기야 감옥에 갇힌다. 마침내 그는 산으로 끌려 올라가서 네 개의 창에 찔렸다. 그리고 개종자들에 의해 묻혔다.

우리는 도마가 피신했던 동굴에 세워진 교회와 그의 사형터에 세워진 교회 그리고 그의 무덤에 세워진 교회를 돌면서 촬영했다. 한낮에는 40도가 넘는 무더위에 서 있기조차 힘든 곳에서 촬영을 해야 했고, 몇몇 장소는 허가가 나지 않아서 방문만 하고 촬영을 포기했다. 어렵사리 촬영을 마친 후 권오중 씨가 소감을 말했다.

"인도 첸나이는 예수님의 제자 중 한 명인 '도마'란 분이 돌아가신 곳이라는 간단한 이해만으로 갔습니다. 일명 '의심 많은 도마'는 예수님이 부활하신 후에 오신 다락방에 없었기에 예수님 부활 이야기를 전해 듣고서 '나는 예수님의 손의 못 자국과 옆구리의 창 찔린 곳에 직접 손가락을 넣어보지 않고는 못 믿겠다'라고 했었지요.

그런 도마를 위해 예수님은 직접 도마의 손을 잡으시고 자신의 옆구리에 찔린 상처에 손을 넣게 하셨습니다. 도마는 이후에 예수님의 부활 복음을 전하기 위해 인도 첸나이로 갔고 거기서 창에 찔려 순교했습니다. 첸나이의 도마 성지를 돌면서 저도 도마와 같다는 생각을 했습니다.

예수님은 늘 제게 많은 것들을 말씀하시고 깨닫게 하시려고 하는데 무지한 저는 잘 못 듣고 잘 못 깨닫거든요. 그때마다 이런 다큐멘터리 작업을 통해 직접 보여주십니다. 그리곤 '내가 네게 말한 게 바로 이거야'라고 말씀하시지요. 마치 도마의 손을 붙잡고 직접 느끼게 하신 것처럼요."

우리는 도마의 무덤터에 선 교회에서 시간을 보내다가 인근 바닷가 모래사장을 찾았다. 그 너머에 인도양이 있었다. 아마도 이 바닷길로 도마가 왔을 것이다. 이미 기원전 2세기경부터 국제 무역을 하던 유대인 집단 거주 지역이 인도의 항구도시 중심으로 형성되었다. 그 도시들을 잇는 바닷길을 따라 도마가 이곳까지 왔을 것이다. 우리는 바다를 보면서 그의 생각이나 마음가짐을 상상해보았다.

바닷가에는 수많은 인도 가정이 주말을 맞아 아이들을 데리고 나와 즐거운 시간을 보내고 있었다. 밝게 웃는 모습을 보면서 누군가가 말했다.

"바라나시의 갠지스 강에서 보던 사람들의 표정과는 전혀 다른데요."

성혜 씨도 말했다.

"바라나시의 무거운 풍경과 비교해보면 순교자의 피가 뿌려지고 기독교 공동체가 존재했던 이 땅에서 희미한 희망의 빛이 보이는 것 같아요. 사람들의 표정이 좀 더 밝고 분위기

도마의 순교지에 있는 예수님과 도마 동상

St. Thomas Mount(도마의 순교지)

도 다르네요."

바라나시 사람들에게는 죽음에 대한 체념과 아무것도 할 수 없는 절망적인 시선이 느껴졌다. 죽음에 대한 두려움, 공포 그리고 낙담과 체념의 분위기가 전반적으로 깔려있었다. 반면 첸나이 해변의 모습은 훨씬 밝았다. 어린아이들의 웃음이 선사하는 활력과 동력이 있었다.

물론 바라나시는 죽음을 맞이하는 장소이고, 첸나이 바닷가는 아이들과 일반 가정이 보내는 여가의 공간이기에 직접적인 비교는 어려울 수 있다. 하지만 인도의 남쪽은 복음에 대한 수용성이 크고 개신교의 비율이 높은 지역이라는 특징도 작용하는 것 같았다.

도마의 순교 이야기는 어떤 식으로든지 이 지역 사람들의 삶과 정신세계에 영향을 미쳤을 것이다. 바라나시와 첸나이, 결국 죽음을 바라보는 시각의 차이가 삶의 태도의 차이를 만들어내는지도 모른다.

바라나시는 힌두교의 성지로서 인생을 끝없는 고통의 연속으로 보는 관점이 지배하는 곳인 반면, 첸나이는 기독교 신앙을 가진 사람들이 많고 계속해서 기독교 영적 부흥을 경험하는 지역이다 보니 영적인 분위기가 뚜렷이 차이가 났다.

첸나이에는 지금도 성장하는 교회들이 있고, 뜨거운 예배가 있다. 믿는 사람들의 수도 폭발적으로 증가하고 있다. 그

교회들은 전 인도에 선교사들을 파송하고 있다. 이 모든 것이 이 도시에 사는 사람들에게 미치는 영향이 있을 것이다. 그 영향의 깊숙한 영역에 그들에게 부활의 복음을 전한 도마의 전승이 뿌리내리고 있다는 생각이 들었다.

이 땅을 살아간 도마와 그의 후예들은 죽음이 끝이 아님을 믿었다. 그들의 인생 가운데 많은 고난과 어려움이 있었고, 때로는 견디기 힘든 시간이 있었지만 그렇게 끝나지는 않는다는 믿음이 있었다.

더 좋은 앞날이 기다리고 있으며, 궁극적으로는 죽음의 한계를 넘어 새로운 영역이 펼쳐진다는 믿음. 그 믿음이 사회 전반에 미치는 분위기가 있는 것 같다고 조심스럽게 추측해보았다.

4부

로마,
어둠 속 빛을 따른 사람들

로마로 가는 길

이용규

로마는 촬영 일정을 잡기가 쉽지 않았다. 유적 촬영을 위해 바티칸의 허가가 필요했다. 허가도 어렵지만 촬영 허가를 위한 비용도 엄청났다.

저예산으로 기독 영화를 만드는 파이오니아21과 김상철 감독님의 상황에서는 큰 도전이었다. 교회의 지원이나 후원자 없이 사비를 털고 지인에게 재정을 빌려서 여기까지 왔다. 그런데 재정이 바닥난 상황에서 로마 일정을 계획하는 건 큰 부담이었다.

거기다 각자 일정을 조율하는 것도 쉽지 않았다. 나는 여름 일정을 비우기 위해 애를 썼지만 불가피하게 응해야 하는 요청들이 생겨났다. 배우들은 고정된 방송이나 화보 일정 등이 있었다. 촬영 일정을 새로 만들기 위해 서로 희생과 양보의 결단이 필요했다.

내게 로마 촬영 여정은 재정과 일정에 있어 큰 헌신을 요구했다. 또한 내가 섬기는 학교 공동체와 가족에게도 양해를 구해야 했다. 모든 의미 있는 영적 사역이 그렇듯 다양한 방해 거리를 만났다. 이 프로젝트의 참여 결정을 후회하게 만드는 것들이었다.

의미 있는 귀한 영적 도전은 늘 희생과 대가를 요구한다.

이 작품의 주제인 부활이 주는 무게감은 나를 또 한 번 헌신의 자리로 불렀다. 물론 가장 큰 헌신은 이 작품의 제작자이자 감독으로 최종 책임을 지는 김상철 감독님의 몫이었다. 감독님은 내게 이렇게 고백했다.

"제가 그간 많은 작품을 해왔지만 이렇게까지 힘들기는 처음입니다. 부활이라는 주제를 다루는 게 쉽지 않네요. 정말 어렵게 영적 전쟁과 상황과 씨름하면서 가고 있어요."

아무래도 방송과 영화로 같이 제작되기에 두 배의 부담이 있었다. 제작 스케일도 그간의 작품에 비해 몇 배나 컸다. 무엇보다도 부활이라는 주제는 기독교 복음의 핵심 주제이다. 그렇기에 이 주제를 공영방송에서 다루는 것이 주는 무게감과 상징성이 있었다. 자칫 진부할 수 있는 주제를 시청자에게 생동감 있게 긴장감을 갖고 전달하기 위해 치열하게 고민해야 했다.

무엇보다도 이런 주제를 다룰 때 오는 치열한 영적 전쟁에 맞서야 했다. 우리는 끊임없이 방해하는 무언가와 싸우면서 기진맥진했고, 해외 촬영 중 다양한 어려움이 표출되기도 했다. 십자가의 헌신 없이 부활을 이야기할 수 없음을 깨닫는 과정이었다.

모든 책임을 져야 하는 감독님의 짐은 무척 무거워 보였다. 인도 촬영 중에 그와 방을 같이 사용했다. 작품과 관련해서 질문하고 답하고 생각을 나눌 대상이 필요했기 때문이다.

그 과정에서 아주 많은 생각을 서로 나누고 교환하면서 조율하는 시간을 가졌다. 여정 중에 감독님에게 과다한 짐이 있음을 보게 되었다. 일단 예산을 줄이려면 스태프 수를 최소화해야 했기에 감독님은 일인다역을 해냈다.

일정 조정과 같은 행정도 그의 일이었다. 촬영이 끝나면 다음 일정을 잡고 이동과 식사와 숙박 등 관련한 디테일을 직접 챙기는 경우가 많았다.

무더위 속에서 촬영 일정이 끝나고 숙소로 돌아오면 모든 촬영 자료를 백업 받고, 촬영 내용을 검토하는 시간을 가졌다. 내가 볼 때 거의 자는 시간이 없는 것 같았다. 그 열정과 뚝심은 타의 추종을 불허했지만 그 분도 나이가 들면서 생기는 몸의 이상 증상을 느끼는 중이었다. 오십견으로 어깨의 통증도 찾아오고, 몸이 예전 같지 않아 피로를 견디는 능력도 많이 떨어졌다.

여러 어려움 가운데 악전고투하며 전진하는 감독님의 모습을 보면서 옆에서 돕지 않을 수 없었다. 그 열정과 뚝심이 끌어당기는 강한 매력이 있었다. 또한 한국의 기독교 영화를 살리기 위해 그가 꼭 필요했다. 영화 산업이 겉으로는 화려해 보이지만 저예산으로 기독 영화를 만드는 사람들에게는 많은 어려움과 애환이 있었다.

많은 감독이 기독교 영화를 만들었지만, 호응이 없고 재정적으로 어려워지면 대부분 손을 떼버렸다. 어려움을 무릅쓰고 사명감을 가지고 묵묵히 길을 가는 김 감독님 같은 사람이 몇 명 안 남은 상황이다.

내 경험으로 볼 때, 이런 리더 옆에서 함께하면 고생을 뒤집어쓸 가능성이 많았다. 그리고 이미 나 스스로도 여러 사람 몫의 짐을 지고 있는 상황이었다. 하지만 과부가 홀아비의 마음을 안다고 했던가. 나도 사명감으로 무거운 짐을 져봤기 때문에 그 짐에 눌려 버거운 사람을 향한 긍휼의 마음이 있었다. 또한 부활은 선교사역을 하는 사람으로서 떼려야 뗄 수 없는 중요한 문제였다. 나의 잠시의 주저함은 최선을 다해 도와야겠다는 결심으로 끝나고 말았다.

결국 여러 루트로 재정이 채워지고 현지의 도움으로 촬영 허가가 나와서 일정을 맞춰 2019년 8월에 다시 촬영 여행을 떠나게 되었다. 이번 로마 여정에서 우리가 집중할 인물은 사도 바울이었다.

카타콤에서

로마 도착일에 바로 카타콤 촬영을 위해 이동했다. 카타콤은 로마 제국 당시 시신을 매장하기 위해 로마 도시 외곽의 땅 밑을 파고들어간 굴이다. 로마법상 전염병을 예방하고 공중위생을 지키기 위해 로마 시내에는 사람을 매장하지 못하고 성벽 외곽에 묻어야 했다.

그렇게 생긴 지하 매장터가 시간이 지나면서 점점 확장되어 십수 킬로미터에 달하는 지하 공동묘지가 되었다. 로마의 박해가 지속되면서 수많은 기독교 순교자가 이곳에 묻혔다. 남은 교인들이 몰래 시신을 거두어 굴을 파고 장사한 것이다. 또한 로마가 기독교를 법으로 금지하면서 수많은 기독교인이 이곳에 숨어 지내며 예배와 성찬을 하기도 했다. 카타콤은 로마 시대 박해의 중요한 상징이다.

로마 시대에 기독교는 여러 번의 박해를 경험했다. 콘스탄티누스 황제가 기독교를 제국의 종교로 공인하기 전 대략 열 번의 큰 박해가 있었다. 박해의 중요한 이유 중 하나는, 이 종교가 로마가 지향하는 세상의 모습과 너무나 다른 모습을 갖고 있다는 것이었다.

로마 제국은 황제를 신으로 섬기며, 이 세상의 권력을 궁극의 가치로 삼았다. 또 황제를 중심으로 여러 계층이 나뉘어 지배 구조를 형성했다. 그런데 기독교인들은 황제를 신으로 숭상하지 않았고, 그보다 더 높은 존재에게 복종해야 한다고 믿었다.

그리고 하나님이 우리에게 주신 법을 따라 살아야 한다고 보았다. 또한 모두가 형제자매가 되는 공동체를 이야기했기 때문에 기독교가 로마의 계층 구조를 부정하는 것으로 보였을 것이다. 로마라는 거대한 세속 권력은 기독교인들을 권력에 대항할 잠재적 위협으로 보았다. 그래서 기독교가 사회 각 계층에 퍼지자 정권 차원의 대규모 박해가 시작되었다.

로마 세계가 기존 가치관과 다른 주장을 수용하지 못한 것이다. 그래서 기독교인들은 세상과 구별되게 살아야 하기에 로마의 박해 가운데 신앙을 떠나기보다는 죽음과 박해를 선택했다.

우리는 현지에서 돕는 분들의 적극적인 도움을 받아 한국 방송 사상 최초로 세 시간 동안 카타콤 내부 촬영을 허락받았다. 로마에서 나폴리를 향해 남쪽으로 뻗은 아피아 가도를 따라 여러 개의 카타콤이 있는데, 그중 산 칼리스토 카타콤에서 촬영할 수 있었다.

카타콤 내부에 들어가 보니 또 다른 지하세계가 존재했다. 그 적막한 어둠의 공간은 바깥 세계와 완전히 단절된 또 다른 세계였다.

휴대폰으로 빛을 비추자 벽이 반짝였다. 사람의 뼈에서 나온 인 성분이 흩어져 벽에 붙어서 빛을 반사했다. 동행한 많은 사람들이 오싹함을 느꼈다고 했지만 나는 그렇지 않았

산 칼리스토 카타콤 입구

카타콤 내부

다. 수많은 죽음의 흔적들을 접하며 슬프지도 두렵지도 않았다. 영적인 눈으로 보면 천국에 더 가까운 곳이라는 생각이 들었다.

당시 로마는 세계의 중심이었다. 그렇기에 세상의 물품 중 가장 좋은 것들이 모였다. 로마 시민이라는 건 전 세계의 극히 소수만 누릴 수 있던 특권이었다. 특히 귀족들은 화려함과 향락과 편안함의 극치를 경험하며 살 수 있었다. 박해받고 처형당해 카타콤에 안치된 초기 기독교인들 가운데는 다수의 로마 귀족도 있었다.

당시 가장 화려하고 번성했던 로마와 거리상으로는 몇 킬로미터밖에 떨어지지 않은 곳에 카타콤이 있었다. 그곳은 죽음이 깃든 세상 끝이었다. 많은 크리스천이 예배 장소를 찾아 그곳에 숨어들었다. 로마의 초기 기독교인들은 자신의 삶과 단절되어서 지하세계로 들어가야 했다. 그들은 숨죽여 예배 드렸을 것이다.

많은 기독교인이 화려한 로마를 뒤로하고, 그 어둠의 세계에 기꺼이 몸을 맡겼다. 이곳에 사자에게 물어뜯기고, 목욕탕에서 질식당하고, 목 잘려 처형당한 시신들이 안치되었다. 일반적인 생각으로는 정녕 슬프고 어두운 곳이었다.

그러나 우리가 카타콤의 좁은 골목을 지나면서 만난 여러 개의 방 안에서 발견한 그림들에서는 어둠의 그림자를 볼 수 없었다. 그 가운데는 천상에서의 생활을 묘사하는 등 천국 소망을 담고 있는 게 많았다.

카타콤의 사람들은 밝은 예수님의 얼굴과 성경의 일화 등 그들의 신앙을 그림에 담아 표현했다. 결국 죽음 너머 가게 될 세상에 대한 소망과 연결되어 있었다. 천국에 대한 소망과 최후 승리, 하나님과 영원히 함께할 것이라는 기쁨과 기대가 보였다.

그림을 보던 내 눈은 물고기 뱃속에 들어가 있는 한 사람을 묘사한 그림에서 멈추었다. 성경의 요나 이야기였다. 어쩌면 이 그림을 그린 사람은 자신의 당시 모습이 요나와 같다고 보았을 것이다.

구속과 굴레 가운데 있는 삶, 죽음과 어둠이 깃든 삶이지만 믿음의 선진들이 바라보던 것을 바라보며 그린 것이었다. 그는 어둠의 현장에서 마음의 빛을 보았다. 죽음의 현장에서 새 생명을 그리려 했다. 화려한 로마가 약속해줄 수 없는, 죽음 이후에 대한 하나님의 약속을 구했다.

그래서 그림을 그린 이들에게 그곳은 더 이상 음침하고 어두운 지하세계가 아니었다. 부활의 소망이 없이는 들어갈 수 없는 짙은 암흑의 세계였지만 부활의 소망을 가진 자들에게는 더 이상 어둠의 세계가 아니었다.

그들은 어떻게 카타콤을 선택할 용기를 냈을까? 그들이 특별한 존재였거나 마음이 강하고 담대했기 때문이 아니었을 것이다. 로마의 박해 중에 처형당한 사람들 중에는 어린이와 부녀자들도 다수 있었다. 그들이 특별했다기보다는 그들이 믿은 부활이 특별했다.

그들은 예수님의 부활을 직접 보지는 못했지만, 사도들이 전해준 부활의 이야기가 믿어졌다. 이 사람들이 가진 믿음은 카타콤의 어두움과 박해와 고난과 죽음을 뛰어넘었다.

그들에게는 세상에서의 고난이 끝이 아니었다. 그 너머 무언가가 있음을 알았다. 그것은 결국 최후 승리였다. 부활도 결국은 최후 승리로 설명할 수 있다. 이 세상에서 깨지고, 망가지고, 넘어지고, 또 자신이 원하는 방식대로 삶이 펼쳐지지 않고, 여전히 오늘 나를 짓누르는 수많은 문제 속에 있지만 '이것이 끝이 아니라는 믿음'이다.

세상의 권력과 환경과 자신이 씨름하는 한계도 이것을 방해할 수 없었다. 그 너머에 하나님의 세계가 존재하고 이 땅에서의 삶이 끝나면 그 세계 속으로 참여하게 된다는 믿음, 그것만이 줄 수 있는 기대와 소망, 기쁨이 있었다. 그래서 로마의 초대교인들은 그 어두운 감옥 같은 예배의 장소에서도 하나님의 영광을 바라보고 노래할 수 있었으리라.

여정에서 만난 고난

부활을 경험한 사람들에겐 일반적으로 통과해야 하는 고통의 순간이 있다. 예수님의 부활이 있기 전에 그분이 걸어가야 했던 십자가의 길이 있었다. 부활을 목격한 제자들이 맞이했던 건 순교의 삶이었다. 그들로부터 복음을 전해 들은 로마의 초대교회 교인들은 대규모의 박해와 고난의 시간을 지나야 했다.

내겐 막연하게 촬영의 여정이 순탄하지만은 않을 거라는 기대(?) 섞인 우려가 있었다. 이런 사역에는 고난이나 특별한 헌신의 요구가 따르는 경우가 많았기 때문이다.

둘째 날 저녁, 카타콤과 스페인 광장 주변 그리고 콜로세움을 포함한 몇 곳에서 촬영을 마쳤다. 우리는 로마에서 멋진 장면을 많이 담을 수 있어서 기뻤다. 콜로세움 근처에 세워둔 렌트 차량에 카메라를 넣어놓고 인근 식당에 저녁을 먹으러 갔다.

평소와 달리 운전기사도 따라왔다. 식사 후에 나와 감독님은 택시로 바로 숙소에 돌아가고, 남은 팀은 렌트 차량으로 이동하기로 했다. 그런데 택시를 타고 가던 중에 전화를 받았다. 차에 실어둔 카메라를 도난당했다는 것이었다. 급히 차를 돌려서 가보니 가장 큰 카메라를 제외한 두 개의 카메라와 마이크 장비가 없어졌다.

어두운 저녁이라 인근의 CCTV는 우리 차량이 있는 곳을 선명하게 비추지 못했다. 경찰을 불렀지만 찾을 가능성이 없다고 했다. 무엇보다 아쉬운 건 카메라 안에 담긴 영상자료였다. 거기엔 이틀간의 모든 수고가 들어있었다.

다시 영상을 찍기 위해서는 별도의 허가를 받아야 했고, 비싼 비용을 또 지불해야 했다. 보통 김 감독님은 영상을 찍자마자 메모리칩을 받아 따로 보관했다. 그동안 메모리칩과 관련해서 다양한 어려운 경험이 있었기 때문이다. 그런데 그날은 감독님도 로마의 뜨거운 햇볕 아래 너무 피곤하고 지친 데다가 잠시 식사하러 다녀온다는 생각에 메모리칩을 분리하지 않았다.

온갖 생각이 들었다. 운전기사가 절도범들과 연결되어 있었을 수도 있고, 또 방송용 촬영 장비가 이동하는 것이 절도범에게 노출되어 기회를 노리게 했을 수도 있다. 카메라의 무게가 부담되어 잠시 트렁크에 보관한 틈을 타서 결국 한 방 먹고 말았다.

예산을 줄여가며 영화를 찍는 상황에서 카메라와 기타 장비 도난은 감독님에게 큰 부담을 주었다. 과연 이대로 촬영을 계속해야 하는지 물어야 하는 상황이었다. 그런데 아이러니하게도 가장 큰 카메라 한 대는 차 안에 그대로 있었다. 만약 그 카메라도 없어졌다면 우리는 다 포기하고 그대로 짐을 싸야 했을 것이다.

남은 카메라가 우리에게 '여기서 멈출 수 없다'라는 신호를 보내는 것 같았다. 그날 우리는 무거운 마음으로 숙소로 돌아와 침대에 쓰러졌다.

다음 날, 그동안 들뜬 마음으로 기도에 깨어있지 못했음을 점검하는 시간을 가졌다. 그리고 남은 카메라에 보관된 자료들을 확인했다. 마치 손발이 묶인 상태에서 마라톤 경주에 임하는 느낌이었지만, 하나님의 인도하심을 구하며 지금 가진 것만으로 최선을 다해보기로 결정했다.

그날 감독님은 조서를 작성하러 경찰서에 다녀오면서 한국에서 걸려온 전화를 받았다. 감독님의 아들이 물에 빠져 죽었음을 알리는 경찰의 전화였다. 황망한 상태에서 수소문하여 아들과 통화가 되었고, 하나의 해프닝으로 끝이 났다.

전화한 사람은 실제 경찰이었는데 사고 관련 신원 확인 과정에서 착오가 있었다고 했다. 감독님에게 여러 가지로 공격이 집중되고 있음과 중보기도의 필요를 느꼈다. 우리는 영적으로 깨어서 하나님의 인도하심을 구했다.

보완 촬영을 하기로 했는데 마이크 장비가 없어져서 현장의 소리를 담을 수 없다고 했다. 우리는 가능한 한 대본을 만들지 않고 성령의 인도하심 가운데 즉석에서 보고 느낀 것을 자연스럽고 편안하게 촬영하기로 했다. 하지만 중요한 많은 장면을 현장의 소리를 담지 못한 채 영상만 찍어야 했다.

영화용 대형 마이크를 들고 작업도 해보았지만 결국은 편집 과정에서 음질 저하 문제로 녹음된 내용을 쓸 수 없어서 내레이션 처리를 할 수밖에 없었다. 현장에서의 생생한 감동을 담아낸 설명은 모두 살릴 수 없었다. 이 또한 우리를 겸손케 하시려는 하나님의 인도하심이라고 생각했다.

바울의 마지막 순간을 찾아서

우리는 남은 카메라 한 대에 의지해서 마이크 장비도 없이 사도 바울이 순교한 처형장 유적으로 향했다. 남은 날이 얼마 없어 서둘러야 했다. 흡사 장기판에서 차와 포를 떼고 고수와 장기를 두는 느낌이었다.

어떻게 보면 이번 촬영 여정의 클라이맥스가 될 부분이었다. 우리는 대본 없이 그때그때 성령님의 인도하심에 맡기며 어떤 일이 벌어질지 모르는 가운데 촬영에 임했다. 그래서 하나님이 주시는 것을 함께 잘 분별해야 했다. 모두 비장한 마음으로 촬영의 피날레를 향해 갔다.

바울 참수 장소로 가는 길

바울은 신약성경에서 가장 많은 부분을 쓴 사람이다. 어떻게 보면 예수님 다음으로 기독교에 가장 큰 족적을 남긴 사람이라고 할 수 있다. 예수님 당시 제자는 아니었지만 사도 바울의 메시지는 2천 년 기독교 역사를 통틀어 기독교인들에게 강력한 영향을 미쳤다.

그는 회심 전에는 사울로 불렸다. 부유한 상인 가문에서 자란 유대인으로서 로마 시민권자였다. 또한 유대교의 당대 최고 석학인 가말리엘의 제자로서 최고 교육을 받았으며 국제 공용어인 그리스어와 라틴어에도 능통했다.

그는 당시 기독교도들이 증언하는 예수의 죽음과 부활이 유대교의 근간을 흔든다고 보았다. 자기가 믿는 신앙을 지키기 위해서 열심으로 기독교인들을 핍박하고 잡아 죽이려 했다.

그런데 그가 다마스쿠스에 있는 기독교 공동체의 소문을 듣고 그들을 탄압하기 위해 가다가 도상에서 하늘로부터 임한 빛을 만나 눈이 멀었다. 그때 "사울아, 사울아, 네가 어찌 나를 핍박하느냐"라고 말씀하시는 예수님을 경험한다. 이를 통해 부활이 실제임을 깨달은 그의 사고와 삶에 극적인 전환이 일어난다.

이후부터 그는 유대 사회를 넘어 로마 제국 전역에 예수의 부활을 전하는 사도의 사명을 감당하다 체포되어 로마에 구금된다. 그리고 네로 황제의 기독교 박해 시기에 사형을 당한다. 그는 기독교인을 핍박하는 박해자의 자리에서 벗어나 그 핍박을 당하는 자의 자리를 선택했다. 누구보다 극단적인 삶의 변화를 경험했던 인물이다.

그가 로마에서 처형을 당하기까지 과정을 간단히 정리하면 다음과 같다. 누가가 기록한 사도행전의 기록에 의하면 바울은 복음 전파를 위해 예루살렘으로 다시 들어가기를 원했다. 하지만 당시 예루살렘의 상황은 기독교에 대한 유대인들의 격렬한 반대로 긴장이 고조되고 있었다.

그가 체포될 것을 환상으로 보거나 예견한 사람들의 만류에도 불구하고 바울은 자신의 부르심을 완수하기 위해 생명을 걸고 그곳으로 간다. 결국 그를 본 예루살렘의 유대인들이 소요를 일으켜 체포되었다.

그는 자신을 심문하던 로마 총독 벨릭스에게 로마 시민임을 밝히고 황제의 재판을 받기를 요구했다. 당시 로마법으로는 로마 시민의 인권을 보장하기 위해 오직 황제 앞에서 재판을 받고서야 처벌이 가능했다. 그는 복음을 전하기 위해 로마에 가야 한다는 심산으로 자신이 로마 시민임을 주장한 것이다. 그의 요구대로 그는 죄수의 신분으로 로마에 호송된다. 여기까지가 사도행전의 요약이다.

그 후 그는 로마에서 누가의 집에 머물며 황제의 재판을 기다리는 동안에도 기독교인들을 가르치고 세우는 일을 했다. 재판을 하려면 그를 고소한 유대인들이 로마로 와서 증언해야 했다. 그런데 그들이 오지 않은 채로 2년이 지나 공소시효 만료로 결국 자유의 몸이 되었다.

그가 로마에 복음이 꽃피도록 사역하는 중에 네로 황제의 시기로 접어들었다. 네로는 불우했던 어린 시절로 인해 여러 가지 트라우마와 정신적인 장애를 가진 자였다. 실정(失政)을 거듭하여 인기가 급락하던 차에 그는 로마에 큰불을 내고 노래를 불렀다.

네로의 극단적인 행동에 로마 시민들은 분노하였고 황제에 대한 원성이 높아졌다. 그는 그에 대한 분노를 기독교인들에게 돌렸다. 기독교인이 반체제 성향을 가진 위험집단이며 황제의 권위와 신분체제를 부정한다고 보았던 것이다.

당시 기독교인들이 카타콤에 숨어 성만찬을 집행한 것을 두고 주변에서는 그들이 갓 매장한 시체를 가져다가 그 살을 먹고 피를 마신다고 헛소문을 퍼뜨렸다.

그런 사회적 오해를 이용해서 네로는 자기에게 향한 로마 시민들의 분노를 기독교인들에게 돌려 희생양으로 삼았다. 로마 대화재의 범인이 기독교인들이라고 지목하고 대규모 박해를 시작했다. 기원후 67년경에 기독교 지도자 베드로와 바울이 로마에서 체포됐고, 결국 감옥에 있다가 처형당했다.

세 분수 교회(바울 참수 교회)

세 분수 교회에 있는 성 베르나르도 동상

교회 출입구에 'SCALA COELI(천국의 계단)'라는 글이 새겨져 있다. 성 베르나르도가 이 교회 지하실에서 기도할 때 순교한 영혼들이 하늘로 올라가는 환상을 보았다고 하여 '천국의 계단 교회'라고 부른다.

바울이 처형된 사형터 일대는 베네딕트 수도원 소속으로 그를 기념하는 성당이 들어서 있었다. 촬영팀은 먼저 바울이 사형 직전 감금되었을 감옥방을 방문했다(그 위를 덮어서 교회 건물이 세워져 있었다). 그곳은 처형장으로 가기 직전, 사형수들이 차꼬에 채워져 죽음을 기다리던 곳이었다.

'여기서 바울은 어떤 생각을 했을까?'

나는 머릿속으로 그를 그려보았다. 그가 마지막에 남긴 말이 떠올랐다.

복음으로 말미암아 내가 죄인과 같이 매이는 데까지 고난을 받았으나 하나님의 말씀은 매이지 아니하니라 딤후 2:9

권오중, 이성혜 씨와 그곳에서 나와 처형장으로 난 길을 따라 걸었다. 2천 년 전 죄수들이 죽음을 향해 걷던 길이었다. 바울도 그 길을 걸어서 처형터로 끌려갔을 것이다. 그의 심정을 생각하며 걸었다. 이런 도전의 목소리가 들리는 듯했다.

'너는 죽음을 준비하고 있는가? 죽음 후에 있을 영광에 대한 기대와 열망으로 살아가고 있는가?'

처형 장소에는 세 분수 교회가 세워졌다. 바울의 목이 잘려 땅에 떨어지면서 세 번 굴렀는데 후에 그곳에서 샘이 터져 나왔다는 전승 때문에 붙여진 이름이었다. 교회 입구를 지나면서 왼쪽에 바울의 참수 장면이 부조로 형상화되어 있었다. 그는 로마 시민이었기에 참수형에 처해졌다.

당시 로마 시민인 사형수에게는 마지막 길에 최소한의 예우로 가장 고통이 적은 죽음을 맞게 했다. 참수형이 가장 고통을 단축시키는 사형 방법으로 여겨졌다. 뒤로 손이 묶인 채 끝부분이 둥근 대리석 기둥에 목을 대고 앉으면 망나니가 손도끼나 칼로 목을 내리쳐 죽였다.

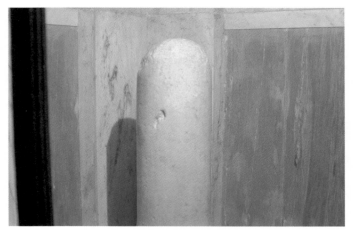

세 분수 교회 내부 참수 기둥

성당 안쪽 옆의 공간에 그의 처형에 사용되었을 대리석 기둥이 있었다. 칼이나 도끼에 패인 자국이 많이 나 있었다.

'그 위로 바울의 피가 튀며 흘러내렸겠구나!'

바울의 처형 장면을 묘사한 부조의 맞은편에는 베드로가 십자가에 거꾸로 매달려서 죽은 모습도 부조로 표현되어 있었다. 그는 예수님과 같은 방식의 죽음을 감당하지 못하겠다며 거꾸로 매달려 죽는 방법을 요청했다고 한다. 베드로가 바울과 달리 십자가에 달려 죽은 이유는 이방인이었기 때문이다.

왜 사도 바울의 죽음을 기념하는 곳에 베드로의 죽음이 나란히 묘사되어 있을까? 그들이 같은 날 처형당했다는 일설이 있다. 역사적으로 증명할 수 있는 말인지는 모르나 이 이야기가 주는 남다른 감동이 있었다.

바울은 로마 시민들을 처형하는 곳에서, 베드로는 교외의 이방인을 처형하는 장소(지금의 바티칸 내 베드로 성당 자리)에서 죽임을 당했다. 한 명은 로마 시민권자, 다른 한 명은 이방인이었다.

한 명은 이방인의 사도의 사명을 받았고, 또 한 명은 유대인의 사도였다. 사명과 길이 다른 것같이 보였다. 때로는 그들 사이에 이견이 있기도 했다. 바울은 한때 유대인 기독교인들의 눈치를 보느라 이방인 교인들을 품지 못했던 베드로의

세 분수 교회 내부 바울 참수 부조

세 분수 교회 내부 베드로 순교 부조

처신을 규탄하기도 했다. 그런데 하나님께서 둘을 마지막 여정의 동반자로 불러주셨다.

때로는 우리도 다른 신앙의 색깔이나 이견 때문에 서로를 비난하거나 거부하는 경우가 있다. 하지만 신앙인들은 모두 한곳을 향해 가는 중이다. 한 방향, 한 목표를 향해 간다. 내 옆에 있는 형제는 그 방향 가운데 함께하는 동반자이다.

성당 맨 안쪽 후미진 부분 중앙에 큰 유화가 걸려있었다. 바울의 잘린 목에서 피가 터져 나오는 장면이었다. 그의 주변 사람들이 눈과 얼굴을 가리고 슬피 울고 있었다. 인생의 가장 암울하고 처절해 보이는 현장이었다. 그런데 그 그림 위 천장 가까이에 또 다른 그림이 보였다.

하나님께서 영광의 보좌에서 사도 바울에게 의의 면류관을 씌워주기 위해 기다리시고, 그가 영광스러운 모습으로 천사들에 이끌려 하나님 앞에 올려지는 장면이었다. 삶의 마지막에 제자인 디모데에게 보낸 서신에 나오는 그의 고백에 기초한 그림이었다.

전제와 같이 내가 벌써 부어지고 나의 떠날 시각이 가까웠도다 나는 선한 싸움을 싸우고 나의 달려갈 길을 마치고 믿음을 지켰으니 이제 후로는 나를 위하여 의의 면류관이 예비되었으므로 주 곧 의로우신 재판장이 그 날에 내게 주실 것이며 내게

만 아니라 주의 나타나심을 사모하는 모든 자에게도니라

딤후 4:6-8

바울은 이미 자신의 마지막을 예감하고 있었다. 제사의 희생물처럼 자기 것을 다 쏟아부었고, 최후의 순간이 가까웠음을 알고 있었다. 그래서 선한 싸움 가운데 마지막 남은 경주를 다 하도록 믿음 안에 있었다. 나는 이어령 교수님을 인터뷰하면서도 그의 혼신을 다한 부활에 대한 나눔 가운데 사도 바울의 향기를 느꼈다.

제한된 인생의 시간을 앞두고 두고 갈 사람들에게 무언가를 남기려는 열정이 "나의 달려갈 길을 마치고 믿음을 지켰다"는 바울의 고백과 겹쳐졌다. 바울의 이 고백은 오늘날도 현재진행형이다.

그렇게 믿음을 지키는 동안 바울이 바라본 건 보좌에 계신 하나님과 그분이 준비하신 의의 면류관이었다. 면류관은 일반 왕관이 아니라 올림픽에서 우승한 사람이 받는 월계관을 의미한다. 자신의 경주를 마치고 믿음의 승리를 거둔 자를 기억하고 기념하기 위해 주어지는 영예이다.

바울은 이미 자신의 삶의 끝을 보았다. 그리고 삶과 죽음 너머에 무엇이 있는지도 보았다. 그 목표가 분명했기에 거기에 초점을 맞추고 경주에 임했다. 죽음 너머를 볼 수 있었기

세 분수 교회 내부 바울 참수 상황도

에 죽음을 두려워하지 않고 달릴 수 있었다.

천장에 묘사된 그림을 보고 바울의 처형 장면을 보니, 목이 잘리는 처절한 상황에 대한 묘사조차 더 이상 암울하고 어둡게 느껴지지 않았다.

현대사회는 고통을 증오한다. 불편하고 귀찮은 것을 싫어한다. 휴머니즘의 가장 큰 적은 고통과 불편이고, 휴머니즘의 목표는 고통 없는 세상을 만드는 것이다. 그래서 인류의 고통을 최소화하는 게 사람을 사랑하는 최고의 방법이라고 믿는다.

그런데 바울의 삶이 예시하듯 고통과 기쁨이 동시에 있을 수 있다. 영적인 법칙은 우리가 뭔가 정말 소중한 것을 얻기 위해서는 지불해야 하는 대가가 있다고 가르친다. 아기라는 아름다운 생명을 얻기 위해서는 엄마의 산고가 요구된다.

또한 아이를 키우고 성장시키기 위해 끝없는 수고와 애씀의 씨 뿌림이 필요하다. 건강한 기쁨은 아픔과 고난과 고통과 함께 가는 패키지로 주어진다. 그래서 이 땅에서 겪는 연단과 장차 우리에게 주어질 기쁨도 같이 간다.

바울이 갇혀있는 동안 하늘나라에 대한 그의 소망은 날로 커졌을 것이다. 그는 자신이 묶여있음으로 오히려 복음이 더 왕성하게 뻗어나가리라는 기대와 소망이 있었다. 그리고 그 믿음대로 역사가 이루어졌다. 그의 순교 후 250년 안에 로마는 기독교 국가가 되었다.

세상을 이기는 부활에 대한 믿음

우리의 삶의 끝에 있을 부활과 결산에 대한 인식이 희미해질 때 교회는 쇠퇴하고 신자들은 계속되는 유혹을 이기지 못한다. 부활은 믿으려고 노력해서 얻어지는 게 아니고 믿음의 자연스러운 결과이다. 그리고 그것이 믿어지는 사람에게는 변화가 일어난다. 그러면 눈앞의 고통, 핍박, 유혹이 그를 누를 수 없다. 세상이 그를 감당할 수 없다.

감독님은 내 인터뷰 촬영 때 죽음 너머에 있는 것이 무엇이라고 생각하는지 그리고 바울을 포함한 많은 초기 기독교인들이 왜 죽음을 선택했다고 생각하는지 물었다(다음은 내 답변이지만 나만의 생각이기보다 함께 촬영에 임한 분들과 공유된 생각이었을 것이다).

"그것은 바로 예수님의 부활을 통해 증명된 영원한 삶을 보았기 때문이죠. 하나님과 함께하는 영원한 삶에 대한 소망이 있기에 바울은 푯대 또는 목표를 향해 마지막 경주를 끝까지 달려갈 수 있었습니다. 저도 바울의 죽음과 많은 순교자들의 죽음 앞에 섰을 때 질문하게 되었지요.

'네가 바울의 입장이었다면 어떠했겠니? 네가 이렇게 순교 당한 사람들의 상황이었다면 어땠을까?'

물론 고통스러웠겠지요. 피할 길이 있다면 피하고 싶다는 마음도 있었을 거고요. 그런데 다른 선택은 없었을 것 같아요. 예수님의 부활이 확실히 믿어지고 나도 그분과 함께 부활할 것이 믿어진다면, 내 한계 너머에서 그분이 나를 기다리신다는 믿음 안에 있다면 다른 길은 없음을 알겠지요.

네, 다른 방법이 없어요. 물론 박해 없이 살면 기쁘겠지요. 편안한 삶 가운데 많은 것들을 누릴 수 있으면 좋겠지만 어느 때엔가 박해의 시간이 올 거예요. 그 가운데 다른 선택은 없는 것 같아요.

'로마의 화려함과 카타콤 둘 중 어느 세계를 선택해야 하니?'라고 물을 때, 부활 없는 화려함보다는 부활과 함께하는 어둠을 택하는 게 가장 좋은 선택이라는 것… 그것이 믿어지는 사람들이 있어요. 그들은 그 길을 갈 수밖에 없는 거예요. 그들이 대단하거나 특별한 용기가 있거나 어떤 능력을 가진 자들이기 때문이 아니라 다른 길이 없기에 그런 거예요."

권오중 씨도 로마 여정을 마친 후 소감을 나누었다.

"로마의 지하도시 카타콤, 기독교인들이 박해 중에 들어간 곳, 부활을 소망한 곳, 육은 죽었지만 영은 살아있는 그곳. 미로처럼 펼쳐져 있는 무덤 사이 복도를 지나며 '내가 기독교가 박해받는 시대에 살았다면 이런 지하에 머물면서 죽어 저 작은 무덤 속으로 들어가는 것을 기뻐할 수 있었을까?' 생각해 봤어요. 자신 있게 '네'라고 대답을 못하는 제 자신을 봅니다.

사도 바울과 관계된 성지들, 처형 직전에 갇혔던 지하감옥, 처형대, 처형장…. 사실 이 다큐멘터리를 찍을 때까지도 '바울'이란 분에 대해 큰 관심이 없었습니다. 다큐 작업이 끝나갈 무렵에서야 묵상노트에 사도 바울의 서신들을 적으면서 후회했지요. 더 자세히 볼 걸…. 그 분에 대해서 더 느껴볼 걸…. 그리곤 기도했습니다. '사도 바울의 만분의 일만큼이라도 닮았으면 좋겠습니다. 그의 발톱만큼이라도 믿음이 있으면 좋겠습니다. 그렇게 해주세요'라고요.

부활은 무감각하게 흔히 듣던 이야기로 치부하고 넘어갈 수 있는 사건이 아닙니다. 부활을 목격한, 또는 부활을 믿는 사람들이 어떻게 살아야 하는지 경각하게 합니다. 부활을 제 삶 전체로 보여줘야 함을 깨닫습니다.

늦게나마 제 삶이 조금씩 바뀌고 있습니다. 신앙이 깊어짐을 느낍니다. 그리고 예수님의 부활 사건이 저를 새롭게 하고 있음을 느낍니다.

촬영 중 인터뷰에서 말하지 못한 게 있습니다. 잊었는지 아니면 크게 생각하고 있지 않았는지 모르지만, 너무 중요한 순간이 있었다는 것을 말이죠. 앞에서 말씀드린 것처럼 아들이 마지막 검사를 받으러 들어간 뒤 간절히 기도했습니다. 그리고 그 기도가 이루어졌습니다. 의사들은 믿을 수 없다며 다른 검사를 더 해보자고 했지요. 하지만 저희 부부는 거절했습니다.

아이를 힘들게 하는 더 이상의 검사는 필요 없다고 느꼈기 때문이지요. 그로부터 사흘 뒤 그 지옥 같던 병원에서 아이를 퇴원시키면서 제 입에서 이런 말이 계속 나왔습니다.

'장사한 지 사흘 만에 죽은 자 가운데서 다시 살아나시며.' 사도신경에 있는 이 말씀이 계속 입가를 떠나질 않았습니다. 그때는 제가 외우는 말씀이 주기도문과 사도신경밖에 없었는데 참 신기하게 생각되었지요.

전 그때 주님의 부활을 목격한 것이었습니다. 제가 무지해서 깨닫지 못하다가 19년이 지나서야 부활 영상 작업을 통해 알게 되었습니다. 부활은 누구에게나 있다고 믿습니다. 주님은 우리의 삶을 변화시키는 모든 것이 부활임을 보여주고 계십니다."

상처와 상흔

김상철

초대교회 성도의 흔적

영화를 상영할 때 두 개의 영사기가 돌아간다. 하나는 감독의 영사기이고, 또 하나는 그 영화를 보는 관객의 영사기이다. 같은 영화를 관람할지라도 누군가에게 좋은 작품이 어떤 이에게는 아픔이 될 수 있다. 그래서 그 어떤 영화도 10점 만점이 없다.

암전된 특별한 공간에서 두 시간 남짓 한 편의 영화를 볼 때 자신의 상황을 대입하는 관객의 영사기는 감독의 의도와 혼합되기도 하는데, 그로 인해 때로는 치유가 일어나고, 알지 못했던 정보를 앎으로 인해 새로운 변화를 일으키기도 한다. 그래서 영화는 사람을 변화시키는 중요한 도구 중의 하나다.

나는 〈부활〉을 준비하면서 로마를 처음으로 방문했다. 그곳에는 1951년에 개봉된 영화 〈쿼바디스〉로 잘 알려진 성당이 있는데, '주여, 어디로 가시나이까?'란 베드로의 고백으로 유명한 장소다.

이 작품은 노벨상을 받은 시엔키에비치의 소설 《쿠오바디스》를 원작으로 한다. 시엔키에비치는 이 성당에 앉아서 묵상하다가 영감을 받아 작품을 쓰게 됐는데, 쿠오바디스 이야기는 교회 안에서 오랜 전승으로 남아있던 것이다.

쿼바디스 도미네 교회

쿼바디스 도미네 교회에 있는 예수님의 발자국

이 교회는 9세기경에 세워져 17세기에 개수된 것으로 전해지고 있으며 위경에도 기록이 남아있다. 그리고 베드로가 그 지역에 살았던 것이 세바스티안 카타콤에 적힌 비문에서 확인된다. 비문에 보면 "바울과 베드로가 이 지역에서 살았다"라고 되어있다.

로마의 박해가 심해지자 베드로는 주변의 권고를 따라 피난을 떠난다. 이때 예수님의 환영을 보게 되는데, 예수님은 베드로가 떠나온 길을 되짚어 로마로 가고 있었다. 베드로가 예수님에게 "주님, 어디로 가십니까?"(Quo Vadis, Domine?)라고 묻자, 예수님은 "십자가에 다시 못 박히러 로마로 간다"(Venio Romam iterum crucifigi)라고 말씀하셨다.

이 부분을 "네가 버린 양들을 위해서 내가 로마로 돌아가 다시 십자가를 지고 죽으려고 한다"라고 의역하기도 한다. 이에 베드로는 예수님을 다시 십자가에 못 박을 수 없다는 마음에 뉘우치면서 로마로 되돌아가 순순히 잡혀 순교했다고 한다.

베드로는 순교 당시 예수님과 같은 십자가형을 받기 송구스럽다며 거꾸로 십자가형을 받기를 청했다고 하며, 그로 인해 거꾸로 된 십자가는 베드로의 상징이 되었다. 이와 같은 이야기가 영화로 남아 지금까지 많은 사람에게 알려졌다. 이 전승이 사실인지 의구심을 갖는 사람도 있겠지만 이 이야기의 감동이 많은 사람에게 의미 있게 각인되었다. 개인적으로 이 영화에 깊은 관심을 두는 이유는 영화감독이 의도한 바를 넘어서서 많은 사람들에게 각자의 영사기를 돌리게 하는 작품 중 하나이기 때문이다.

우리가 촬영 허가를 받은 곳은 퀴바디스 도미네 교회 (Church of Domine Quo Vadis)와 인접한 산 칼리스토 카타콤 (Catacombe di San Callisto)이었다. 촬영 허가를 받기까지 매우 어려운 과정들이 있었는데, 쉽게 촬영할 수 있도록 일정을 조정해주지 않았다.

기다리는 것 외에 달리 방법이 없었다. 이용규 교수님과 배우들의 스케줄에 맞춰 제한된 일정으로 움직여야 했기에 이탈리아 현지 통역자 은주 자매님과 나는 마음을 졸이며 기도할 뿐이었다. 그러다 마침내 허락을 받게 되었는데, 그들이 우리에게 제시한 촬영 가능 일정은 카타콤의 정기 휴일이었다. 기다리던 나는 너무 기뻤다.

혹 허가가 나지 않으면 어떻게 하나 염려도 있었으나, 허가되는 여러 과정을 지켜보면서 "하나님께서 하셨다"라고 고백할 수밖에 없었다. 우리 팀은 비록 시간 제한은 있었지만 자유롭게 구석구석을 살피며 촬영했다. 외부와 차단된 캄캄한

지하묘지는 몹시 을씨년스러웠다. 하지만 기대가 큰 만큼 나름 긴장한 상태에서 초대교회 성도들의 삶과 믿음의 흔적을 상세히 들여다볼 수 있었다.

이용규 교수님의 충분한 설명과 두 배우의 질문들이 함께 어우러져 영화의 중요한 시퀀스가 채워져 갔는데, 준비된 콘티가 없어도 불안함은 없었다. 늘 편집할 때 느끼는 바지만 이번에도 하나님께서 그려가시는 그림을 확신할 수 있었다.

초기 기독교인들의 지하 공동무덤, 카타콤

기원후 1세기 무렵, 로마의 부유한 귀족들만이 가족 공동묘지를 소유했고, 순교자와 가난한 기독교인들은 대부분 야외에 이교도들과 함께 묻혔다. 그러나 2세기 무렵, 기독교가 부유한 계층에까지 전파되면서 신앙을 갖게 된 일부 귀족들은 사유지였던 공동묘지를 다른 신자들에게 개방했다.

기독교 박해가 심해진 3세기에 로마 황제는 기독교인들의 지하묘지 출입 및 집회 금지령을 내렸다. 그러나 박해가 심해질수록 그들은 카타콤으로 더 많이 모여들었다. 순교자들의 시신도 비밀리에 지하로 옮겨 매장했기 때문에 카타콤은 더 깊은 땅 속으로 미로처럼 파여 들어갔다. 4세기 초, 기독교가

카타콤에 새겨진 그림들

물고기 형상

그리스어로 물고기를 ΙΧθΥΣ (ichtous 익투스)라고 한다. 이것은 ΙΗΣΟΥΣ (Iesus 예수) ΧΡΙΣΤΟΣ (Christos 그리스도) θΕΟΥ (Theou 하나님의) ΥΙΟΣ (Uios 아들) ΣΩΤΗΡ (Soter 구세주)의 첫 글자를 합체한 문자다. 그리스도를 가리키는 이 물고기 형상은 기독교 신앙의 요체요 표징이었다.

그리스도의 모노그램

알파(Α)와 오메가(Ω)는 헬라어 첫 글자와 끝 글자로, 만유의 시작과 끝이신 그리스도를 상징한다. 가운데 Χ와 Ρ 두 글자는 ΧΡΙΣΤΟΣ (Christos 그리스도)의 처음 두 글자를 합성한 것이다. 이 표지는 그리스도인의 무덤에 새겨졌다.

선한 목자 형상

기도하는 사람

비둘기 형상

올리브 나무 가지를 물고 있는 비둘기 형상으로, 하나님의 안식에 든 영혼을 상징한다.

국교로 공인되고 박해에서 벗어날 때까지 카타콤은 죽은 자의 무덤이며, 신앙을 지키기 위한 은신처이자 예배당이었다.

통로 양쪽 벽면에 직사각형 모양의 수많은 구멍들이 있는데, 초기 기독교인들은 천으로만 시신을 감아서 구멍 안에 소박하게 매장했다. 카타콤에는 그들이 가지고 있던 신앙의 구체적인 내용을 담은 상징과 그림들이 새겨져 있었다. 로마 황제의 박해 동안 공개적으로 신앙을 고백할 수 없었던 기독교인들은 무덤 벽에 자신들만의 확실한 믿음을 새겼다.

예수는 시작과 끝임을 의미하는 그림, 그의 성스러운 힘과 부활을 의미하는 상징들, 그리고 성경의 내용을 담은 벽화들을 통해 기독교인들은 이 어두운 지하묘지에서 그들의 신앙과 부활의 확신을 고백했다.

카타콤은 무덤이었지만 동시에 산 자를 위한 공간이었다. 죽은 자의 기억을 가지고 스스로 믿음을 확인했기에 그들은 죽었지만 믿음은 살아있었다. 지하에서 볼 수 있는 빛은 환풍기 역할을 했던 좁은 구멍을 통해 비치는 것이 전부였다. 비록 적은 빛에 노출되어 어둠과 함께 살았으나, 그들이 본 빛은 세상의 그 어느 빛보다 더 밝은 빛, 참 빛이었다.

당시 로마 사람들은 카타콤 밖에서 밝은 빛, 세상의 빛을 보고 살았으나 사실 어둠 속에 있었다. 그들은 세상의 가치를 추구하며 살았기 때문에 살인과 음란, 도적질과 같은 죄와 함께했다. 그로 인해 빈부의 격차는 심각해지고 삶은 고달파졌다.

하지만 핍박을 피해 카타콤이라는 지하를 찾아왔던 초기 기독교인들은 달랐다. 비록 세상 사람들이 볼 때는 어둠과 죽음이 있는 곳이었으나, 실상은 그 어떤 빛보다 더 밝은 자유의 빛이 있는 곳에 머물고 있었다.

빛은 먼지를 비추기 위해 존재한다

카타콤 사람들은 진짜 빛을 보았지만, 오늘날 사람들은 빛 아래 있으나 진짜 빛을 모르고 살아간다.

2019년 6월 8일 맨발의 성자 이현필 선생님의 제자인 한영우 장로님이 소천했다. 평소에 찾아뵈면 늘 나를 보고 "종놈, 종놈"이라고 하셨는데 이제는 그 목소리를 들을 수 없다. 특히 누가와 비교하면서 역사를 기록하는 일을 소홀히 하지 말라고 하신 유언 아닌 유언이 내게는 남아있다.

한 장로님은 생전에 이현필 선생님이 "빛은 먼지를 비추기 위해 존재하나 봐"라고 알려주셨다고 했다. 그렇다. 진짜 빛을 만나지 못했기에 죄의 뿌리를 보지 못하고 결국 드러날 피상적 죄를 쫓아가는 무지에 빠져있다. 그래서 바라나시의 사람들은 죽어서도 자신의 죄의 문제를 해결하지 못하나, 예수님은 그 죄의 문제를 해결해주셨다.

부활이 없으면 십자가는 무의미해진다. 부활이 있기 때문에 십자가가 의미 있다는 것을 알면 우리도 주님과 같이 십자가를 지게 된다. 십자가는 나를 부인하게 한다. 죽음을 지고 가는 삶을 살아내는 것이기에 나를 부인하지 않고는 조금도 걸어갈 수 없다.

"나를 버려라, 나를 부인하라"는 건 그 주체가 내가 될 수 없음을 알려준다. 자아를 부인한다는 것은 자신이 주인이 아님을 고백하는 행위다. 세상을 창조하신 하나님이 내 주인이라는 것을 알 때, 예수님이 누구신지 알게 되고 비로소 자기 부인이 일어난다. 하나님의 나라를 경험하기만 하면 되는데 자기 부인이 일어나지 않으므로 그 기회를 놓치고, 카타콤 밖의 빛을 참 빛으로 알고 살게 된다.

예수가 진 십자가와 내가 진 십자가는 동일한가?

내가 그리스도와 함께 십자가에 못 박혔나니 그런즉 이제는

내가 사는 것이 아니요 오직 내 안에 그리스도께서 사시는 것
이라 이제 내가 육체 가운데 사는 것은 나를 사랑하사 나를
위하여 자기 자신을 버리신 하나님의 아들을 믿는 믿음 안에
서 사는 것이라 갈 2:20

사도 바울은 예수가 십자가에서 죽었다고 고백하고 있다.
이같이 죽었기 때문에 부활하는 것이다. 동전의 양면이다. 십
자가와 부활은 붙어있다. 예수의 고난과 부활은 함께 경험되
는 것이다. 분리가 아니라 같이 가는 것이다. 동전이 한 면만
있으면 가치가 없다. 그리스도인의 삶이 하나만 집중하고 살
아가게 되면 다른 하나를 보기 어렵다. 예수 그리스도의 부
활만 보면 고난과 십자가에 대해서 약해질 수밖에 없다. 십
자가 없이는 부활이 없고, 부활 없이는 십자가도 없는 것이
다. 그렇기 때문에 두 개가 하나가 되어야 한다. 합쳐진 상태
가 되어야 한다.

우리의 삶 자체가 십자가와 부활을 함께 드러내야 한다.
십자가는 죽음이고 부활을 삶이라 하면 먼저 죽는 것이 순서
다. 십자가가 선행될 때 부활이 따라온다. 그런데 십자가만
알고 십자가만 부르짖으면 부활의 능력은 나타나지 않는다.

상처

사람은 본능적으로 균형을 잡으려고 한다. 사랑하는 사람과 헤어지거나, 갑자기 병에 걸린다거나, 사업이 어려워지거나, 꿈이 좌절되거나, 깊은 상실감 등에 빠지면 누구도 예외 없이 균형의 축이 무너진다. 그때 본능적으로 무너진 간격을 채우려고 하는데 잘못 채우면 문제가 된다.

술, 도박, 약물, 게임 등으로 채우면 자연스럽게 중독에 빠진다. 잠시 채워지는 것 같지만 마지막에는 그로 인해 더 어그러져버린 삶을 직면한다. 그래서 보편적으로 중독 사역을 할 때 무너진 균형을 채워주기 위해 특별한 노력을 하는데 그중에 종교가 있다.

상처 없는 사람이 있을까? 누구에게나 상처는 존재한다. 그리고 이 상처는 평소에 잘 드러나지 않다가도 특정 사건과 상황을 직면하면 드러나는 경우가 잦다.

〈중독〉을 만들 때 함께 작업에 참여했던 스태프 중 한 분이 어렸을 때 아버지의 폭력에 노출되어 성장했다. 하나님의 은혜로 잘 자랐고 영화를 하면서 나름 약자를 위한 삶을 살아가고 있는데, 그가 연출한 작품 중에 가정 폭력이 아주 사실적으로 묘사된 장면이 있었다. 특히 어린아이가 아버지로부터 폭행을 당하는 장면을 보면서 마음이 너무 아팠다. 그가 나중에 고백하기를 자신의 어렸을 때 모습이 작품에 투영되었다고 했다. 사람은 새겨진 상처가 언젠가는 아물 것이라 생각하지만 그렇게 쉽게 되지 않는다. 성령의 은혜로 상흔이 되지 않으면 늘 시한폭탄처럼 존재한다.

경건과 상흔

도마가 예수님에게서 본 것은 상처가 아니라 상흔이었다. 상처가 회복되면 상흔이 생기는데 곧 상처가 남긴 흔적이다. 이어령 교수님은 지금 이 시대에 필요한 것이 상흔인데, 정작 우리에겐 상처만 있고 상흔이 없다고 했다.

"예수님에게는 상처의 흔적을 가진 40일이 있었어요. 피 흘린 자국 상흔, 이미 다 치유되어 생긴 상흔, 이게 부활의 증거였지요. 그런데 오늘날 우리 사회에서는 이 상흔을 가진 교회, 상흔을 가진 성직자, 상흔을 가진 신앙인을 보기가 참 드뭅니다."

상흔은 스티그마, 곧 흔적이다. 예수님을 믿기 때문에 소유하게 되는 결과물이다. 제자들에게도 있었고 카타콤 사람들에게도 있었다. 오늘날에도 일부이긴 하지만 그 상흔을 가진 사람들이 있다. 그렇다면 나에게는 상처만 있는 것일까? 아니면 상흔도 가지고 있을까? 이를 확인하는 방법은 의외로 어렵지 않다. 경건의 삶을 살고 있는가를 질문하면 쉽게 알 수 있다.

로마의 산타 체칠리아 인 트라스테베레 성당에는 성녀 세실리아의 시신이 있다. 산 칼리스토 카타콤에서 세실리아의 시신이 발견되었을 때 목이 잘린 모습 그대로 드러나 보는 이들에게 강렬한 인상을 남겼다고 한다.

세실리아는 빈민들을 구제하고 경건한 삶을 유지하여 부활 신앙을 실천한 성녀로 평가받고 있다. 부유하고 고귀한 가문이었음에도 기도와 고행의 삶을 살았고, 귀족에 어울리는 옷이 아닌 가난한 이들처럼 옷을 입었으며, 일주일에 며칠은 단식함으로 하나님에 대한 사랑을 보였다. 특히 빈곤에 처한 사람들을 도우며 경건한 삶을 살았다.

이후 로마 황제의 박해로 신앙을 버릴 것을 강요당했지만 이를 거부하고 죽음을 선택했다. 세실리아가 끝까지 굴복하지 않고 삶을 구걸하지 않자 황제는 분노하여 참수형을 명했다. 그런데 목이 완전히 잘리지 않으면서 세실리아는 오랫동안 죽지 않은 채로 고통을 받았다.

세실리아는 바울이 말한 그 박해를 받은 사람이었다. 그녀의 목 베인 상처는 지금도 상흔이 되어 오늘날 카타콤을 방문하는 사람들에게 믿음의 증거가 되고 있다.

영화 〈부활〉을 만든 이유

삶과 죽음의 경계에 서보지 않으면 결코 삶과 죽음을 알 수 없다. 고통 또한 경험하지 않으면 모르는데 예수님의 고통은 인간이 체험할 수 있는 최고의 고통이었다. 피할 수 없는 운명과도 같은 고통의 시간은 우리를 삶과 죽음의 경계에 서게 한다. 그래서 죽음에 이르는 질병은 고통이라고 할 수 있다.

나는 신앙인이 고통에서 벗어나지 못하는 이유를 다 모른다. 저마다 사연이 있을 것이다. 하지만 한편으로는 부활 신앙을 갖게 된 사람들이 고통에 대해 어떤 태도와 반응을 갖게 되는지 좀 더 이해할 수 있으면 좋겠다고 생각했다.

죄의 문제도 마찬가지다. 삶과 죽음의 경계에서 떠나지 않는 또 하나는 바로 죄다. 믿는 자이든 그렇지 않든 모두가 죄의 문제를 해결하고 싶어 한다. 세상에서도 죄를 지으면 감옥에 가서 대가를 치르듯이 어떤 형태로든 죄는 분명 값을 치러야 한다. 그런 점에서 죄의 문제도 고통이다.

그렇다면 이 고통과 죄의 문제를 어떻게 해결할까? 나는 그 답을 예수님이 주셨다고 믿는다. 그래서 삶과 죽음에 대해 질문하게 되었고, 고통을 대면하는 믿음의 이야기를 하게 되었다.

말기암 환자 천정은 자매의 고통은 경험하지 않은 사람은 상상하기 어려울 것이다. 얼마 전 그녀의 손톱이 약간 위로 들린 모습을 보았는데, 곧 떨어질 듯한 손톱은 피를 머금고 있었다. 나는 예전에 일제 강점기의 순사로부터 독립군의 손톱이 뽑히는 고문 장면을 연출한 적이 있다. 감독으로서 배우에게 가장 고통스러운 연기를 요구했는데, 하물며 그 일을 실제로 당한 사람의 마음은 오죽했을까…. 정은 자매는 대수롭지 않게 말했지만 분명 고통을 이겨내기 위해 노력하고 있음을 알 수 있었다.

정은 자매가 새벽에 혼자 이불을 덮어쓰고는 찬송하고 기도하고 가끔 흐느끼는 모습이 영상에 담겼다. 아이러니하게도 감독인 나는 머리에 가발을 쓰지 않고 기도하는 그녀의 얼굴을 영상으로 처음 보았다. 이상하게 그 촬영만은 하고 싶지 않았기 때문이다. 촬영 준비까지 다 마쳤지만 중도에 하지 말자고 했다.

왜냐하면 정은 자매는 지금도 항암을 계속하고 있는 암

환우이지만, 암 환우로 살고 있지 않기 때문이었다. 영화 〈부활〉에는 정은 자매의 머리카락 없는 모습이 단 한 번 나오는데, 이 장면은 감독과 스태프들이 직접 촬영한 장면이 아니라 카메라가 설치된 방에 정은 자매가 혼자 있을 때 촬영된 모습이다.

내가 〈부활〉을 만든 이유는 예수님을 믿으면 나중에 부활하여 천국에서 살 수 있다는 단순한 사실을 넘어서는 현실의 이유를 말하고자 하는 데 있다. 이 땅에서 어떤 고통과 슬픔, 형언할 수 없는 사건을 만날지라도 이겨내자는 메시지를 남기고 싶었다.

영화에서 경건의 삶을 강조한 이유는 금생(今生)과 내생(來生)의 관계에 있어서 그 삶이 옳음을 성경이 기록하고 있기 때문이다. 그래서 어떠한 어려움에 처하더라도 우리의 행위는 전도와 연결되어야 하며, 그 전도는 삶으로 전해진다고 믿는다.

육체의 연단은 약간의 유익이 있으나 경건은 범사에 유익하니 금생과 내생에 약속이 있느니라 딤전 4:8

초대교회 사람들이 수난을 많이 당했지만, 그 수난을 버텨

낸 믿음으로 인해 교회가 세워져 갔다. 그래서 우리도 예수님의 부활 소식을 들을 수 있었다. '부활'은 사람들로 인해 증거되어 왔다. 사도행전 2장에 나온 "부활의 소식을 전할 증인"은 바로 예수님의 부활을 믿는 사람들이다.

우리가 세상을 향해 무엇을 보여줄 수 있을까? 보이지 않는 부활을 어떻게 보여줄 수 있을까? 그것은 믿음을 가진 이후에 각자가 믿음으로 보게 되는 영역이지만 우리의 삶으로도 보여줄 수 있다. 부활을 믿는 그리스도인의 삶은 여러 면에서 일반적인 삶과 구별되게 마련이다. 이는 부활이 강조하는 또 하나의 영역이다. 고통과 삶 그리고 죽음은 부활을 증언할 가장 강력한 복음이라고 생각한다.

영화는 삶과 죽음으로 시작하여 어둠과 빛, 스티그마로 진행된다. 삶과 죽음으로 이야기를 시작한 이유는, 부활은 죽음의 과정이라는 첫 관문을 통과해야 확인할 수 있기 때문이다. 부활을 단순한 우리들만의 관심과 소망이라고 보고 싶지 않다. 비기독교인과도 나눌 수 있는 주제로 보았기에 인도의 바라나시로 갔다.

힌두교인들은 죽음을 두려워하지 않는다. 사람들은 일반적으로 죽으면 존재가 소멸된다고 믿기에 두려워한다. 그러나 힌두교에서는 존재 자체가 소멸하지 않기 때문에 영혼도 소멸하지 않는다고 본다.

힌두교인들은 보이는 세상과 보이지 않는 세상이 있다고 믿는다. 전자는 '환영'이고 후자는 '실제'라고 본다. 보이는 세상을 보는 사람은 환상 속에 살고, 보이지 않는 세상을 보는 사람은 실제 속에 산다. 세상을 이 둘 중 어떤 관점으로 보느냐에 따라 그가 깨달았는지, 지식이 있는지 없는지를 구분하기도 한다. 그런데 이런 과정을 통해 한 개인이 죄 문제 해결과 구원을 얻을 수 있는지는 알 수 없다.

'어둠과 빛'에서는 참 빛과 거짓 빛을 구별해보고 싶었다. 〈부활〉을 통해 각각의 구도(求道) 과정이 낳은 결과의 구체적 실상을 경험적으로 보여주고 싶었다. 그래서 인도 바라나시를 통해서는 신을 찾아가는 사람들을 따라갔고, 이탈리아 로마를 통해서는 신이 찾아간 사람들의 삶의 마지막 순간을 따라갔다. 그곳이 카타콤이었다.

지금의 현실은 거짓된 빛이 참 빛을 대체하고 있다. 무지는 사람을 영원한 멸망의 길로 인도하기에 참 빛과 거짓된 빛의 차이를 모르게 한다. 종교는 절대 진리가 삶에 적용되도록 가르쳐야 한다. 기독교만큼 삶에 적용하기 쉽고(때로 어렵기도 하지만) 흔들리지 않게 하는 종교는 없다.

바라나시에서 보는 삶과 죽음은 어떤 답을 주는 것 같지만 거짓된 빛이 참 빛을 대체하는 것임을 알게 한다. 그래서 영화의 중반에 빛과 어둠을 말하면서 신앙을 가진 사람이 선택할 수 있는 길이 무엇인지 알려주고, 이 세상에서도 가치 있는 삶을 살게 하는 예수님의 가르침을 설명했다.

〈부활〉의 주요 키워드 두 가지는 '평판'(Reputation)과 '상흔'(Stigma)이다. 예수님의 제자들이 죽임을 당하면서까지 전한 복음이 왜 지금까지 소멸되지 않고 전파되고 있는지를 추적하면서 세상을 향해 기독교의 본질이 무엇인지 알리고자 했다.

예수님의 부활의 실재를 믿으면 흔들릴 수 없다. 그래서 한결같이 살아내는 삶의 유형이 있다. 바로 경건의 삶, 즉 상처를 받지만 그것이 상흔으로 남아서 부활을 증거하는 삶이다. 상처는 상흔으로 남을 때 삶의 영향력이 생긴다.

그런데 여전히 다수의 기독교인들은 상처가 상흔이 되는 걸 어려워한다. 매우 안타깝게도 고통을 피하고픈 아픔으로만 인식할 뿐 고통의 이면에 담긴 진실된 복을 알지 못한다. 왜냐면 상처 뒤에 가려진 복은 상처가 상흔으로 남아야만 볼 수 있는데 그것이 없기 때문이다.

예수님은 상처를 받았고 그 상흔을 몸에 지니고 계셨다. 상처 가운데 죽으셨고 상흔을 가지고 부활하신 것이다. 죽음과 부활, 상처와 상흔이 분리되는 게 아니라 같이 가는 것이다. 〈부활〉의 마지막 질문은 영화의 주제를 함축적으로 표현한다.

"상처만 있는가, 상흔이 있는가?"

나는 감독으로서 위 질문을 대신 해주신 이어령 교수님께 감사를 드린다. 또한 아래의 이용규 교수님의 메시지는 그 연장선에서 울림을 주는 내용이었다.

"부활 없는 화려함보다 부활과 함께하는 어두움을 택하는 것이 가장 좋은 선택임이 믿어지는 사람들이 있습니다. 그들은 그 길을 갈 수밖에 없습니다. 그들이 대단하거나 특별한 용기가 있거나 특별한 능력자들이어서가 아닙니다. 다른 길이 없기에 그런 것입니다."

이런 일련의 만남의 인도하심 가운데 〈부활〉이 만들어졌다. 이것은 단순히 한두 사람에 의해 계획되어 만들어진 작품이 아니다. 그래서 각본 없이 시작하고 각본 없이 끝을 맺고자 했던 감독의 의도는 이 작품 과정에서 충분히 결실이 있었다고 믿는다.

5부

생명보다 귀한 것

상흔이 남은 사람들

김상철

어떤 희생도 이기게 하는 부활 신앙

내가 선교사 중에서 가장 존경하는 인물은 아프리카 선교에 지대한 공헌을 한 C. T. 스터드(C. T. Studd, 1860-1931)다. 그는 케임브리지 대학의 크리켓 선수였으며 엄청난 부를 가지고 있었다.

그는 '케임브리지 7인'(1885년 중국을 향해 나아가 세계선교에 헌신한 케임브리지 대학 동문 7명을 이른다) 중의 한 사람이었으며, 선교단체인 웍을 창설했다. 그는 회심한 후 자신이 가지고 있던 재산을 거의 대부분 기부하고 선교지로 떠났다. 이후 아프리카 콩고에서 주님의 품으로 떠났는데, 그의 신앙고백 때문에 얼마나 많은 사람들이 선교지로 떠났는지 모른다.

심지어 옥한흠 목사님이 2009년과 2010년 개인 수첩의 첫장에 기록해두었던 글이 그의 신앙고백이다. 나 역시 그의 신앙고백을 나의 신앙고백으로 삼고 있기에 영화 〈잊혀진 가방〉과 〈제자도〉에 이 글을 옮겨놓기도 했다.

"예수 그리스도가 하나님이시며 나를 위해 죽으셨다면 그를 위한 나의 어떠한 희생도 결코 크다고 할 수 없다."

"If Jesus Christ be God and died for me, then no sacrifice can be too great for me to make for Him."

또 한 명의 웩 선교사인 엘리엇 테퍼는 앞서 언급했듯이 영원의 끝에서 살아가는 중독자들과 함께 사는 선교사다. 1983년 이후 지금까지 수많은 나라에 중독 회복 기관과 교회를 개척한 그에게도 깊은 슬픔이 있었다.

스페인에서 가장 많은 장례식을 치른 개신교 성직자인 엘리엇. 그의 아내와 자녀들은 선교사인 남편과 아버지를 따라 미국인임에도 불구하고 스페인 마약 중독자들이 거주하던 산 블라스라는 곳에서 과격하고 희망이 없는 중독자와 그들의 가족들과 살아야만 했다.

그 때문에 엘리엇의 가족들이 감당해야 하는 아픔은 늘 존재했다. 하지만 그의 전도 열정은 사라지지 않았고 더 불타올랐다. 엘리엇은 스터드를 존경했기에 그의 신앙고백을 늘 자신의 고백처럼 붙잡았다. 중독자와 그 가족들이 있는 그곳을 그는 지옥이라고 생각했다.

"어떤 사람들은 교회의 종소리를 들으며 살기 원하지만, 나는 차라리 지옥 문 앞에서 죄인들을 구원하는 가게를 차리고 싶다."

하지만 아들 디모데가 교통사고로 죽었을 때 엘리엇은 크게 절망했다. 선교사를 부모로 둔 아이는 태어나 9년을 사는 동안 모국인 미국에 한 번도 가보지 못했다. 순수한 아홉 살 소년이 처음으로 부모와 형들의 고향으로 간 그때, 생명을 잃었다. 더구나 당시 사고는 가족 모두에게 죄책감을 남겼다. 사고 당일 엘리엇의 아내 메리는 다른 지역으로 강연을 가기에 앞서 남편에게 아이들과 여행을 가지 말라고 했다. 마음이 불안했기 때문이었다. 하지만 엘리엇은 아내에게 충분히 기도하고 떠나니 걱정하지 말라며 네 명의 아이를 데리고 뉴욕 인근으로 여행을 떠났다.

큰아들이 운전했고, 옆자리에 막내 디모데가 앉았다. 그리고 뒷좌석에 엘리엇이 타고, 마지막 칸인 세 번째 라인에 둘째와 셋째 아들이 탔다. 엘리엇은 뒤에 있다가 시장해 보이는 큰아들에게 샌드위치를 건넸고, 그것을 받으려던 아들이 핸들을 놓치고 말았다. 그 사고로 막내 디모데가 목숨을 잃었다. 엘리엇과 남은 가족은 깊은 죄책감에 빠졌다.

아내는 더 강하게 말리지 못했다는 죄책감, 큰아들은 자신이 운전했다는 죄책감, 둘째와 셋째는 막내를 앞에 앉혔다는 죄책감을 가졌다. 하지만 엘리엇은 슬퍼할 수 없었다. 그리고 그 고통 속에서도 믿음을 저버리지 않았다. 그는 하나님의 선하심을 떠날 수 없었다. 베텔 사람들은 하나님의 군병이지만 누구도 그런 슬픔을 싫어했다.

디모데의 장례식에 온 한 친구가 엘리엇에게 "하나님께 구하라. 하나님의 길은 완전하다"라고 말했다. 엘리엇은 자신의 어리석음으로 아들이 죽었다고 생각했다. 사고 당일 저녁, 하나님께서는 엘리엇에게 "너는 내 종, 나의 욥이다"라고 말씀하시며 "너 자신을 정죄하지 말라"라고 하셨다. 엘리엇은 그날 저녁 하나님의 용서와 선하심을 인도받았다고 내게 말했다.

엘리엇은 순간적인 것과 영원한 것을 분별할 수 있다고, 그래서 긴 시간을 두고 비전을 찾아야 하고, 찾은 것을 견지해야 한다고 말했다. 이후에 모든 것이 불타 없어질 것이기에 무엇이 진짜이며 영원한 것인지 알아야 한다고 했다. 그의 고통은 부활의 믿음이 없이는 회복이 불가능했을 것이고, 그와 함께 있는 자들도 영원의 끝에 선 자신을 발견하지 못했을 것이다.

엘리엇 테퍼와 함께

엘리엇은 수많은 깊은 상처들을 자신의 몸으로 경험했다. 20대에는 삶에 대한 목표가 없어 자살하려고 찰스 강에 몸을 던졌고, 아들 디모데를 잃었고, 사역하면서 온갖 좌절과 결핍을 경험했다. 그러나 이 모든 상처는 하나님의 은혜로 상흔이 되어 예수의 흔적을 남겼고, 그는 십자가의 고난과 부활을 증언하는 삶을 살고 있다. 엘리엇의 상흔은 '영원의 끝에서 빛나는 한 줄기 빛' 그 자체로 남아있다.

나도 하나님을 믿지만 하나님도 나를 믿어주신다

헬렌 로즈비어(Helen Roserveare, 1925-2016) 선교사님이 소천했다는 소식을 전화로 듣는 순간, 한동안 정적이 감돌았다. 하지만 예전에 아이사 아서 선교사님의 소천 소식을 들었던 때와 같이 이내 평안해졌다.

"천국에서 만나요, 선교사님."

헬렌 로즈비어는 아프리카 콩고 선교사였다. 1925년 잉글랜드 하츠 헤일리베리에서 태어나 1945년 케임브리지의 뉴햄 칼리지(Newham College) 의대를 졸업했다. 학업을 마친 후, 웩선교회에 의료 선교사로 자원하여 1953년에 콩고로 갔고, 북동부 지역으로 배정되었다. 그곳에 병원과 학교를 세웠고, 네

보봉고로 이주하여 한센병 수용소에 살며 다른 병원들을 세워나갔다.

그러던 중 1964년 콩고(옛 자이르)에 내전이 발생하며 반군에 포로로 잡혀 5개월 동안 구타와 성폭행을 당했다. 이후 석방되어 영국으로 귀국했지만, 1966년에 다시 콩고로 돌아갔다. 그리고 1973년에 영국으로 돌아올 때까지 대학과 병원을 설립했고, 콩고인들의 의료 환경 개선과 기독교 신앙 전파에 큰 역할을 감당했다.

이후 콩고인들은 헬렌 로즈비어를 잊지 않고 '마마 루카'라 부르며 기억하고 있다. 아프리카에서 돌아와서도 그녀는 사역을 멈추지 않았다. 전 세계를 다니며 설교와 선교 동원을 했고, 북아일랜드의 작은 교회에서 교사로 섬겼다. 내가 헬렌을 만났을 때는 86세였는데 보통 할머니처럼 평안한 얼굴로 맞아주시던 모습이 여전히 기억에 남아있다.

헬렌 로즈비어 선교사님이 좋아하시던 말씀이 있다. 고린도후서 4장 7절에서 10절까지의 말씀이다. 콩고 내전 당시 죽음과도 같은 고통이 찾아왔을 때, 그것을 극복할 수 있었던 그녀의 신앙고백이기도 했다.

우리가 이 보배를 질그릇에 가졌으니 이는 심히 큰 능력은 하

헬렌 로즈비어 선교사(앞줄 맨 오른쪽)와 동역자들

헬렌 로즈비어 선교사가 갇혀있던 감옥

나님께 있고 우리에게 있지 아니함을 알게 하려 함이라 우리
가 사방으로 욱여쌈을 당하여도 싸이지 아니하며 답답한 일
을 당하여도 낙심하지 아니하며 박해를 받아도 버린 바 되지
아니하며 거꾸러뜨림을 당하여도 망하지 아니하고 우리가 항
상 예수의 죽음을 몸에 짊어짐은 예수의 생명이 또한 우리 몸
에 나타나게 하려 함이라 고후 4:7-10

내가 헬렌 로즈비어 선교사님을 만나기 위해 북아일랜드
까지 찾아간 이유는 '처음 마음'을 회복하기 위함이었다. 우
리는 목사, 선교사, 장로, 권사, 집사, 성도 등 다양한 직분으
로 사역하며 처음 마음(사명)을 잊고 살 때가 있다. 나는 그것
을 회복하기 위해서 어떻게 해야 하는지 질문하고 싶었다.

왜 그런지 지금도 이해가 안 되지만 헬렌을 만나면 답을
찾을 것 같았다. 이유를 굳이 찾자면, 한국의 웹 선교사님을
비롯해서 다수의 분들이 그녀를 만날 수 있는 것 자체가 하
나님의 인도하심이라며 놀라워했다. 지금 돌아보면 하나님
의 섭리가 분명했다. 그때 제작했던 〈잊혀진 가방〉을 지금도
많은 이들이 보고 처음 마음을 회복하고 있다.

헬렌 선교사님은 내 질문에 간단히 답해주었다.

"처음 마음을 회복하려면 성경을 많이 읽고 기도를 해야 합
니다."

나는 그 말에 만족할 수 없어 다시 질문했다.

"선교사님, 저는 그 말씀을 들으려고 이곳까지 오지 않았습니다. 너무 힘들 때는 기도도 되지 않고 말씀도 들리지 않습니다. 어떻게 해야 할까요?"

헬렌 로즈비어는 자세를 고쳐 앉으며 더 진지한 표정으로 과거를 설명하면서 말했다.

"제가 콩고의 정글 왐바의 감옥에 있을 때 엄청난 일들이 있었습니다. 동료들은 비참한 죽음을 당했습니다. 그때 저는 성폭행을 당했고요. 5개월 동안 감옥에 있으며 죽음의 공포와 싸워야 했고, 여성으로서 수치를 당했습니다."

나는 실제로 그녀가 갇혀있던 감옥을 2009년에 다녀왔다. 그곳은 정글에 있었기에 허물어진 상태였지만 오랜 시간이 흘렀음에도 그대로 유지되고 있었다. 한 평도 되지 않는 매우 열악한 감옥이었다. 헬렌이 계속 말을 이었다.

"죽음의 공포와 두려움, 하나님에 대한 서운함이 있었을 때 제 마음속에 하나님의 음성이 들렸습니다. '헬렌, 너 내게 감사할 수 있겠니?' 그때 저는 바로 이야기했습니다. '하나님, 저는 감사할 수 없어요. 저와 입장을 바꿔 생각해보세요. 하나님께서 기뻐하시는 일을 하기 위해 이곳까지 와서 복음을 전했는데 제 동료들은 순교했고, 저는 성폭행을 당했어요. 하나님 같으면 감사할 수 있으시겠어요? 저는 감사할 수 없어요.'"

헬렌 로즈비어는 깊은 숨을 몰아쉬며 계속 말을 이어갔다.

"그 말을 했는데 다시 하나님의 음성이 들렸어요. '그럼 헬렌, 내가 너를 믿고 있는 것에 대해서는 감사할 수 있겠니?'"

그녀는 그 말을 듣고 나서 하나님께 감사하다고 고백했다며 자신이 깨달은 바를 말해주었다. 지금까지 자신이 하나님을 믿고 있다고 생각했는데, 하나님도 자신을 믿고 계신다는 사실에 너무 놀랐다고 했다.

콩고에 와서 그녀가 겪은 수많은 고통에도 불구하고 끝까지 그곳에 남아 주의 사명을 잘 마칠 것이라고 믿어주셨기에 허락하신 고난이라면 "저를 믿어주셔서 감사해요"라고 고백할 수 있었다고 했다.

그러면서 "처음 마음을 회복하려면 하나님이 당신을 믿고 계신다는 사실을 알아야 합니다"라고 했다. 그때 인용한 말씀이 고린도후서 4장이었다.

그래서 나도 어려움이 생기면 하나님께서 나를 믿고 계신다는 사실을 기억하려고 한다. 이 신앙고백은 헬렌 로즈비어 선교사님이 내게 준 선물이다. 절박한 상황에서의 절대 감사는 내가 하는 게 아니라, 부활하신 주님을 믿는 믿음으로 가능함을 알았다.

우리가 절망이라는 고난을 만났을 때 어떻게 반응해야 할까? 사망을 이겨내신 부활의 주님을 묵상해야 한다. 옥한흠 목사님은 생전에 "고난은 위장된 축복"이라고 했다. 우리가 그 어떤 고통 속에 있을지라도 내 안에 계신 주님이 살아계심과 그분의 부활을 믿으면 이겨낼 수 있다.

그래서 고난을 받아들이고 그 속에서 주님의 뜻을 구하는 것도 맞지만 최종적으로는 부활하신 주님을 생각하며 최후 승리를 선포해야 한다.

내가 여기 있나이다

스코틀랜드 침례교회가 선교 후원을 중단하기로 결정한 것은 아이사 아서(Isa Arthur, 1924-2010) 선교사가 파송지인 기니비사우에서 소천했다는 소식이 들려온 다음 달이었다.

54년간 한 번도 빠짐없이 파송선교사를 지원했던 교회가 보낸 마지막 선교비는 선교사의 장례를 치르는 데 사용되었다. 가는 선교사와 보내는 선교사의 마지막은 그렇게 마무리되었다.

2009년 아이사 아서를 만났을 때 그녀의 나이는 86세였다. 아이사는 32세에 기니비사우라는 아프리카 최빈국에 와서 54년간 머물며 그곳 사람들을 사랑과 헌신으로 섬겼다.

2009년 12월 23일과 24일 이틀에 걸쳐 만난 아이사 아서 선교사는 나에게 영원히 지워지지 않는 사명자의 모습으로 남아있다. 한때 스코틀랜드를 대표했던 아름다운 여성이 어느새 마른 장작처럼 말라있었다.

아이사 아서의 평생 사역 현장이었던 서부 아프리카의 작은 나라 기니비사우는 1973년 9월 포르투갈로부터 독립해 1974년 9월 유엔에 가입했다. 지금은 쿠데타와 내전의 역사가 반복되면서 마약 밀매 거점 국가로 전락한 상태라 한다. 종교는 원시 종교와 이슬람교가 90퍼센트를 차지하고, 기독교는 5퍼센트에 지나지 않는다. 또한 이 나라는 세계 최빈국에 속하는데, 이곳 사람들의 평균 수명은 남자가 40세, 여자는 45세라고 한다. 이 나라의 어려움을 단적으로 보여주는 예라고 하겠다.

2009년 7월 한국에서 아이사 아서 선교사의 이야기를 처음 들었을 때 '과연 그런 사람이 지금도 남아있을까' 하는 의심이 있었다. 여성의 몸으로 50년이 넘게 한 나라를 섬긴다는 소식은 내게는 매우 생소하게 들렸기 때문이었다.

아이사 아서는 스코틀랜드에서 4남 3녀 중 막내로 태어났다. 아버지는 광산 근로자였는데, 그녀는 막내로 자라서인지 부모에게서 귀여움을 많이 받았다고 한다.

간호사 교육을 받은 그녀는 기니비사우라는 나라에 관심을 두게 되었고 하나님의 부르심이 그곳에 있다는 것을 알게 되었다. 그래서 선교사 훈련을 받기 시작했고 1956년 11월 20일 기니비사우의 비사우 항구에 도착했다. 현지에서 7개월 동안 선교사 오리엔테이션을 받자마자 섬으로 들어간 그녀는 그곳에서 고아들을 위한 사역과 나병 환자들을 위한 간호 사역을 하였다. 이후 성경번역을 시작했다.

지금은 그녀의 주름진 얼굴에 가득했던 환한 미소를 다시 볼 수 없다. 아이사가 세상을 떠난 날은 영화 〈잊혀진 가방〉이 편집을 마치고 기자 시사회를 열어 대중에게 공개된 지 꼭 일주일 만이었다.

시사회에서 아이사 아서의 사역에 대한 뜨거운 반응이 있었는데, 그녀의 소천 소식은 주님께서 이 영화를 통해 무엇을 말씀하시려는지 보여주는 듯했다.

요즘 교회가 어렵다 보니 선교사 후원을 중단하는 상황이 더욱 두드러지게 나타난다. 파송한 교회나 파송되거나 일부 협력을 받았던 선교사 모두 지상명령을 수행하는 입장이기에 이런 상황 자체가 모두의 마음을 어렵게 한다.

그런 가운데 선교사와 파송한 교회와의 믿음과 신뢰의 관계가 얼마나 귀한 열매를 낳는지 아이사 아서를 증거로 남겨

아이사 아서 선교사와 함께

두셨다고 믿는다.

아이사 아서의 선교사역은 1956년부터 2010년까지 54년 간 지속되었는데, 그녀를 파송한 스코틀랜드 침례교회는 많은 어려움 속에서 단 한 번도 선교 후원을 중단하지 않았다.

무려 54년간 파송된 나라에서 성경을 번역 및 주석하고, 고아들을 돌보고, 간호사로서 사명을 감당하는 일을 멈추지 않았던 선교사, 아이사 아서.

내가 아이사에게 "지금까지 사명을 감당할 수 있었던 원동력은 무엇이었습니까?"라고 질문하자 그녀가 성탄절 카드가 주렁주렁 매달려 있는 곳을 가리키며 말했다.

"저 성탄절 카드 때문입니다. 해마다 저를 파송한 교회의 아이들이 제게 힘을 주는 카드를 보내오고 있어요."

아이사 아서를 파송한 교회는 54년 동안 세대를 이어가며 교회가 파송한 선교사가 누구인지, 그가 선교지에서 무엇을 하고 있는지 가르치며 후원을 멈추지 않았다.

파송 교회는 아이사 아서가 소천한 다음 달까지 선교비를 보낸 후, 아이사에 대한 선교 후원을 중단했다. 추가로 보내온 한 달 치 선교비는 그녀의 장례를 치르는 데 사용되었다. 이런 지속적인 후원과 신실했던 아이사 아서의 선교사역으로 서부 아프리카의 가장 빈곤한 나라 기니비사우에 현지어로 번역된 성경을 남길 수 있었다.

우리는 모두 예수님의 부활을 증언하는 사람들이다. 각자의 역할은 다를 수 있으나 사명만은 변하지 않는다. 부활을 믿는 사람들은 이 세상에서의 삶이 마칠 때까지 오직 복음을 위해 마지막 것을 드리는 마음으로 서야 할 것이다.

영화에 담긴 아이사의 마지막 모습은 자신이 번역한 크레올어로 말씀을 읽는 장면이다. 선교지에서 54년간 사역하고 86세의 나이까지 쉼 없는 사역을 하다가 주님의 품에 안긴 아이사 아서의 마지막 메시지는 이사야 6장 8절이었다.

내가 또 주의 목소리를 들으니 주께서 이르시되 내가 누구를 보내며 누가 우리를 위하여 갈꼬 하시니 그때에 내가 이르되 내가 여기 있나이다 나를 보내소서 하였더니 사 6:8

열두 가지 색으로 그린 그림

사람에게 찾아오는 이별의 고통은 부활의 소망으로 치유될까? 나는 그것을 믿는다. 하나님의 선물은 약속된 부활로 인해 해결되지 못한 소원과 바람이 이루어지리라는 믿음도 포함되기 때문이다.

"사람들이 빠져있는 고통의 심연은 죄악의 심연만큼이나 어둡고 길다. 그래서 그 밑바닥을 들여다보는 게 불가능하다. 고통 없는 인생이 없기에 누구나 한 마디씩은 고통에 대해 할 말이 있다. 하지만 욥의 고통을 맛보지 못한 자가, 예레미야가 마셨던 쑥과 담즙을 경험하지 못한 사람이 고통의 참 의미에 대해 논할 수 있겠는가?"

옥한흠 목사님의 첫 책《고통에는 뜻이 있다》에 나오는 글이다. 개척 이후 옥 목사님의 설교를 묶어 책으로 냈는데, 목사님은 사실 이렇게 많은 사람에게 읽힐지 몰랐다고 하셨다. 그러나 광야의 긴 터널을 늘 걷고 있는 사람들에게 고통은 인접한 이웃과도 같아서 사람이 존재하는 한 고통이 사라지거나 관심사에서 멀어지는 일은 없다.

부활의 소망은 고통 속에서 더 절실해진다는 말이 이해가 되는 가정을 만난 적이 있다. 아프리카의 조그마한 나라 기니비사우에서였다. 굵은 목소리와 투박한 말투, 그리고 거침없어 보이는 개척자인 한 선교사로부터 상상할 수 없을 만큼의 은혜와 아름다운 성령의 역사를 전해 들었다.

젊은 시절 미술을 전공했으나 하나님의 강권적인 부르심에 모든 것을 포기하고 사명에 순종했던 이인웅 선교사. 그러나 사랑해야 할 아프리카 사람들에 의해 소중한 딸을 잃었다.

홍정길 목사님은 이인응 선교사를 빗대어 이렇게 말씀하셨다.

"향나무는 도끼로 찍을 때마다 그 향기를 더욱 짙게 드러내고, 백합은 밟히는 순간 그 향기로 주위를 진동하게 하듯이 하나님의 사람은 고통 속에서 하나님의 영광을 드러냅니다. 이인응의 고통은 그림으로 승화되어 아름다움의 절정을 보여줍니다. 그는 아프리카에 사는 사람들의 땀방울을 통해 자신의 눈물을 보여주었습니다."

이 선교사는 현지에 학교를 설립하여 자립할 수 있는 배움의 길을 열어주었고, 가난한 나라의 외곽 지역을 돌며 교회를 세우고 복음을 전했다. 그는 이제 은퇴하여 기니비사우에서 조용히 사라졌다.

선교사로 살던 그가 그림을 다시 그리기 시작하게 된 이유가 있었다. 인생의 꽃을 피우기 시작한 스무 살 난 딸 두제가 아프리카 사역 현장에서 뜻하지 않은 사고로 세상을 떠나게 되면서 큰 아픔을 겪었다. 그러던 어느 날, 딸아이가 남긴 유품을 정리하면서 어릴 적 쓰다 남긴 낡은 크레파스를 보았고 뜻밖의 경험을 했다.

온통 부러져 어느 하나 온전한 것이 없던 아이의 손때 묻은 크레파스 조각들이 일제히 일어나 호소하듯 이인응 선교사를 끌어당겼기 때문이다. 그때부터 그는 열두 가지 색깔의 크레파스로 그림을 그렸다. 뼈를 파고드는 자식을 잃은 회한은 아프리카 사람들의 얼굴을 통해 고스란히 드러났고, 그들의 땀방울을 통해 선교사의 눈물이 그려졌다.

예수님을 위해 고난받는 것이 '특권'이라는 말이 있다. 그리고 '특권'이라는 단어가 인생에서 가장 중요한 단어가 될 때 부활의 소망은 더욱 견고해진다. 주님께서 스스로 우리에게 오셨다는 것이 참다운 특권이다. 이 말은 예수님이 기꺼이 우리 안에 살고 계신다는 것이고, 우리가 예수님을 위해 섬길 수 있도록 허락받았다는 의미다.

그러나 특권 속에 숨은 고통이 소명 받은 자신을 건너 가족에게 나타날 때는 그 슬픔의 강도가 더 커진다. 이인웅 선교사에게 있어서 딸의 죽음은 하나님을 향한 몸부림을 넘어서서 고통의 절정을 경험하게 했다.

이인웅 선교사 부부가 한국인 최초로 기니비사우에 들어간 것은 지금으로부터 30년 전이다. 생각하지도 못했던 아프리카 땅, 그곳을 향한 강한 부르심에 끌려 이름도 생소한 곳으로 목숨을 걸고 들어갔다.

스페인에 머물면서 화가로 다시 독일에 돌아가려 했으나 뜻대로 되지 않았다. 신앙생활을 하면서 자신의 일부를 드리는 헌신을 하고자 했으나 하나님은 일부가 아니라 그의 삶

전체를 원하셨다. 내가 이인웅 선교사를 만나 대화를 나눌 때 옆에 있던 아내 이순환 선교사는 남편이 매일 울면서 다녔다고 했다. 라스팔마스의 해변을 울며 걸을 때, 그는 전체를 드릴 준비를 하고 있었다.

그러나 1998년 위기가 찾아왔다. 기니비사우에 내전이 발생한 것이다. 그 포화의 중심에 이인웅 선교사가 있었고, 가족들이 있었고, 교회가 있었다. 영화 속에서만 보던 피난민들의 행렬은 그들에게 현실이 되었고, 아무것도 가진 것 없이 피난민의 대열에 섞여 생명처럼 지키던 교회를 떠나 세네갈로 몸을 숨겨야 했다.

그러나 한 달 뒤 이인웅 선교사는 전쟁이 한창인 그곳을 향해 제 발로 다시 돌아갔다. 양을 잃은 목자의 심정으로 목숨을 걸고 사역지를 찾아간 것이다. 위험을 무릅쓰고 돌아간 교회는 무너져 있었다. 그러나 이 선교사는 다시 교회의 회복을 위해 땀을 흘렸고, 당시 계속되던 이슬람의 협박도 전도의 열정을 막지 못했다.

시련은 끝이 없었고 가족들은 힘겨운 시절을 보내야 했지만, 그 고통의 시간이 지나자 교회는 오히려 더욱 굳게 세워졌다. 이때 자녀들에게 임했던 가난과 외로움, 질병 등은 두제의 죽음 외에도 이 선교사 부부를 슬프게 만든 또 하나의 잊히지 않는 아픔이었다.

두제는 세네갈에서 친구들과 함께 집으로 돌아오는 길에 강도를 당했다. 걸어가는 도중에 현지 남성들이 그녀의 가방을 낚아채면서 두제의 팔도 차 안으로 끌려 들어갔다. 그러다 차의 뒷유리창이 깨지면서 두제는 차창 밖으로 튕겨져 나왔고 소생하기 어려운 충격이 머리에 가해졌다.

안타깝게도 한국이나 선진국이었다면 두제가 소생할 수 있었을 것이다. 토요일 새벽에 사고가 난 후 병원에 늦게 도착한 데다가 토요일은 의료진이 일하지 않아 일요일 밤 늦게 수술을 하게 되었는데, 수술하고 나오는 두제의 모습이 매우 부어있었다. 결국 아이는 일주일 만에 이 땅을 떠났다.

같이 동역하던 현지 선교사들은 아이의 죽음을 이인웅 선교사 부부에게 전할 수 없었다. 그가 이미 너무나 고통스러워하고 있었기 때문이다. 그때 이 소식을 전한 분이 김희진 선교사였는데, 그녀의 남편 김형원 선교사가 내게 들려준 바에 의하면 그 소식을 듣고 이인웅 선교사가 경련을 일으키면서 병원 바닥에 넘어져 기어 다녔다고 한다.

이후 현지에서 외국인이라는 이유로 화장조차 허락되지 않았던 두제의 시신은 경남 진주에 안치되었다. 이인웅 선교사가 당시의 마음을 내게 상세히 전해주었다.

"딸을 잃었을 때 저는 절망했습니다. '주님께서 살아계신다면 어떻게 부르심에 순종해서 삶을 전적으로 주님께 드리고 아프리카로 온 선교사인 나의 자식을 쉽게 데려가실 수 있는가' 이런 충격에 빠졌습니다. 주님께 드린다고 열심히 일을 하고 현지 사역을 위해 많은 노력을 기울여왔는데, 딸을 잃는 고통에 딱 봉착하니까 제 믿음의 한계를 경험한 거죠. '내 믿음이 이것밖에 되지 않는구나' 싶었어요.

처절한 고통 속에서 몸부림치면서 '주님, 왜 두제입니까? 왜 저에게서 이렇게 귀한 아이를 데려가십니까? 그것도 남들처럼 좋은 혜택을 받으면서 살지도 못하고 다섯 살, 어린 나이에 아프리카에 와서 어려운 환경과 악조건에서 살던 아이를, 꽃도 피지 못한 아이를 데려가십니까?' 하는 굉장한 의문과 고통 속에 빠졌습니다."

이인응 선교사가 침묵하는 동안, 사람들은 그가 아프리카를 떠날 거라고 생각했다. 혹은 다시는 예전처럼 사랑과 열정으로 현지인들을 섬기지 못할 거라고 생각했다. 그들의 생각은 틀리지 않았다. 이 선교사는 떠날 준비가 되어있었다. 그런 그를 붙잡은 것이 딸 두제의 부러진 크레파스 조각들이었다. 그 크레파스들 사이에서 이런 목소리가 들렸다고 한다.

"아빠는 화가면서 왜 그림을 안 그려?"

그것은 10여 년 동안 잊고 살던 이 선교사의 열망을 일깨우는 음성이자 사역의 새로운 전환점이 되었다. 그때부터 이 선교사는 아프리카 사람들의 얼굴을 그리기 시작했고 그림을 그리는 동안 증오 대신 연민이, 미움 대신 사랑이 싹텄다. 독생자를 보내주신 하나님의 마음이 깨달아지면서, 아프리카를 향해 이전보다 더욱 깊은 사랑이 시작되었다.

이인웅 선교사는 "내 하나밖에 없는 독생자 예수를 너를 위해서 주었다"라는 음성을 들었다고 했다. 독생자를 아낌없이 줄 때의 그 고통의 무게, 그 주님의 마음을 딸을 잃음을 통해서 아주 진하게 알게 되었다고 했다. 자신이 노력해서 기도하고 믿음을 갖는 상태를 넘어서서 자신의 생각과 마음과 모든 것을 통해 하나님의 아픔과 그분의 인간을 생각하는 마음을 재발견하게 된 것이었다.

2009년 이인웅 선교사의 전시회 소식을 듣고 권오중 집사와 양재동의 한 미술관을 찾았다. 아프리카 사역지에 있는 이웃과 교회 청년들, 아이들의 평범한 일상이 크레파스로 화폭 위에 펼쳐져 있었는데 놀랍게도 그림에는 현지 종족어인 크레욜어 성경 말씀이 적혀있었다.

그 현지어로 성경 번역을 한 선교사는 바로 같은 나라에 살았던 위대한 선교사 아이사 아서였다. 내 인생에 있어서 잊지 못할 나라로 기니비사우가 기억되는 순간이기도 했다.

권오중 집사는 매우 궁금해했다. '하나님께서 기뻐하시는 일을 하고 있는데 왜 이런 고통을 주셨을까? 그리고 그런 고

마르티뇨 아저씨의 세월 (A vida de tio Martinho)

또이아 (Toia)

사라 (Sara)

통을 받고서도 어떻게 그 일을 계속할 수 있는가?' 하는 고민이었다. 선교는 아버지의 소명이었지 딸의 소명이 아니었다. 게다가 어려움 가운데서 자란 자녀가 자신이 사랑해왔던 사람들에 의해서 죽음을 당했다는 현실 속에서 권 집사는 자신이 그 상황이라면 정말 죽고 싶었을 것이라고 했다.

그리고 지금까지의 삶을 후회하고 이 일에 대해서 회의를 느꼈을 것이라고 했다. 나도 다르지 않다. 아이들이 조금만 아프거나 나의 사역 때문에 불편함을 느낄 때는 정말 미안한 마음이 든다. 그런데 그런 마음이 존재하는 사역 현장에서 자식이 죽는다는 건 상상조차 하기 싫은 일이다. 이인웅 선교사 부부가 선교지를 떠나지 않고 다시 일어섰던 이유를 계속 찾아보면서 얻은 결론은, 부활에 대한 소망이었다.

삶과 죽음은 붙어있는 것이라던 이어령 교수님의 말씀은 그 뿌리가 하나님의 말씀에 있다. 교수님은 떨린다고 했다. 앞에 문이 분명히 열리는데 그것이 무슨 문인지 모르겠다고 했다. 자신의 딸이 떠났을 때 욥을 생각했다며 이어령 교수님은 지금도 기도할 때 "저는 강한 자가 아니니 시험에 들지 말게 하시옵소서"라는 기도를 한다고 했다.

욥처럼 그의 믿음을 시험하기 위해서 어려운 시련을 내리지 말아달라고 기도했는데 어느새 자신도 욥처럼 되었다고 했다. 사랑하는 딸을 먼저 보냈고, 사랑하는 외손자를 잃었고,

자신도 암에 걸렸다. 하지만 그는 행복했다. 왜 행복할까? 죽음이 끝이 아니라는 사실을 알게 되었기 때문이다.

이인웅 선교사는 딸 두제가 세상을 떠났을 때 절규했으나 죽음 다음에 어떤 실체가 존재하는지 그가 이미 알고 있었던 그 사실을 확인하는 사건이 있었다. 그건 자기 아들을 희생하신 아버지 하나님의 마음을 알게 된 것과 그분의 희생이 약속한 부활에 대한 소망을 재발견하게 된 것이다.

열두 가지 색으로 그린 선교사의 크레파스화, 그 그림 속 현지인의 얼굴에 흘러내리고 있는 땀방울을 생각한다. 그러면 "내게 주신 고통이 빛날 수 있다면 그것은 하나님의 섭리"라고 주장하는 이인웅 선교사와 이순환 선교사의 목소리가 지금도 들리는 듯하다.

교회 안의 불신자

내가 목회자로 부름받아 개척교회를 섬기면서 경험한 일은 가슴에 늘 안타까움으로 남아있다. 하지만 그때의 경험이 없었다면 어제보다 조금 더 나아 보이는 오늘의 나, 지금의 영화들, 내 교회론과 목회철학은 존재하지 않았을 것이다.

2004년 개척한 이후 교회가 조금씩 성장하면서 더 넓은 곳으로 옮겨야겠다는 생각을 했다. 교인들과는 전혀 의논하지 않고 덜컥 계약부터 한 후에 알렸다. 아무리 개척교회이고 목회자의 힘으로 준비한 교회라 할지라도 분명 잘못된 행동이었다.

한 주 한 주를 보내면서 시험에 든 교인들을 보는 일은 몹시 힘들었다. 결국 계약금을 손해 보고 이전을 포기했다. 그 일이 있은 지 얼마 지나지 않아 당시 교회를 섬기던 한 여집사님이 사무실로 나를 찾아왔다.

교회 사무실은 15평 남짓 되었는데 바로 옆에 사택이 있었다. 월요일 오전 10시가 조금 넘은 시간에 사무실에 들어선 집사님은 평소와는 매우 다른 모습이었다. 인조 속눈썹을 붙였고, 입술은 아주 붉었으며, 헤어스타일도 주일과는 달리 한껏 멋을 낸 상태였다. 잠깐 인사를 나누고 할 말이 있다며 소파에 앉았는데, 치마가 너무 짧아 속옷이 보일 정도였다.

나는 직감적으로 혼자 있으면 안 될 것 같아서 아내를 불렀다. 세 사람이 앉아 대화를 시작할 즈음, 집사님이 가방에서 담배를 꺼냈다. 너무나 당황한 나머지 나와 아내는 아무 말도 못하고 그녀의 말을 듣고만 있었다.

"제가 어떻게 살았는지 아세요? 유천동에 살았어요. 그곳에서 남편을 만났지요. 10년 전에."

몇 해 전까지 대전 유천동에 집창촌(集娼村, 성매매 업소들이 모여있는 곳)이 있었다. 내가 목회자로서 평생 잊지 못할 사건이 눈앞에서 벌어지고 있었다.

"지금의 남편과 결혼하고 아이도 낳았지만, 주일 예배를 마치고 월요일만 되면 남편과 논산, 강경, 부여 등을 다녔어요. 제가 다른 사람과 관계를 하면 남편이 들어와 협박하고 돈을 빼앗았지요."

이후 어떤 말을 더 했는지 전혀 기억나지 않는다. 당시는 그녀를 도와주어야겠다는 생각보다 두려움이 더 컸다. 나는 속으로 생각했다.

'혹시 이 분이 귀신이 들린 것일까? 혹 정신병을 앓고 있나?'

그날이 있기까지 그들은 너무나 평범했다. 예배를 드린 후에 아내는 주방에서 봉사했고, 남편은 때때로 눈이 오면 가건물이던 교회 지붕 위에 올라가 나와 함께 눈을 치웠다.

나는 너무나 당황해서 어떻게 해야 할지 눈앞이 캄캄했다. 그래서 내일 다시 오면 도와주겠다는 말만 하고 택시를 태워 보냈다. 이후 그 집사님을 만나지 못했다.

지금 생각하면 집사님은 직업여성들이 먹는 약으로 인해 정신에 문제가 있었을 수도 있고, 복음을 듣고 있었기에 영적으로 살려달라는 도움을 요청하러 왔을지도 모른다. 어떤 이유든 살려달라고 온 건 분명했다. 그러나 나는 그 요청을 외면했다.

나는 그 일을 경험한 후에 스스로 목회를 그만두었다. 하나님이 보내주시는 양들을 책임지지 못하는 목회자는 목회할 자격이 없다고 생각했다. 실제로 당시 내게는 교회론과 목회철학이 없었다(신학교를 졸업했으니 목회를 해야 한다는 생각에 무작정 개척했던 무모한 삯꾼 목회자였다).

그 일을 통해 중요한 사실을 알았다. 교회를 다닌다고 모두 크리스천은 아니라는 점이다. 여집사님은 몰라도 그녀의 남편은 크리스천이라 부를 수 없다. 아내를 이용해 남을 협박하고, 타인의 재물을 탐하며 살아가는 무늬만 크리스천에 불과했다.

이런 사람에게도 구원의 은혜가 임하겠지만 성경에서 언급한 '그리스도인'(예수님을 따르는 자)이라는 범주에 넣기는 어렵다. 이처럼 오늘날 교회 안에 불신자들이 적지 않다. 교회를 향한 세상의 평판이 나빠지는 이유 중 하나는 이들 때문이다. 당시 나도 그런 평판에 한 표를 보태는 목회자였다.

안디옥에서 비로소 그리스도인이라 일컬음을 받게 되었더라

행 11:26

나더러 주여 주여 하는 자마다 다 천국에 들어갈 것이 아니요

다만 하늘에 계신 내 아버지의 뜻대로 행하는 자라야 들어가
리라 마 7:21

교회 안에 머무는 불신자의 특징은 '거듭나지 못함'이다.
곧 자아가 죽지 못한 상태에 머물러 있다. 안디옥교회 사람
들을 그리스도인이라 부른 이유는, 자신들과 구별되는 삶 때
문이었다. 기독교 윤리학에서 말하는 제일 큰 원칙은 '그리스
도인의 타자성'이다. '예수를 믿는 사람은 다른 사람을 위해
산다'라는 뜻이다. 이는 곧 '희생'을 의미한다.

부활을 믿는 자의 삶에는 예수님의 생명이 나타난다. 이
땅에서 어떠한 일을 만나더라도 예수님의 죽음을 몸에 지고
살아가기에 현실에 존재하는 다양한 사슬과 같은 고통 때문
에 포기하거나 절망하지 않는다.

마치 제자들과 초대교회의 사람들, 2004년 이후 계속되는
지진과 쓰나미로 인해 엄청난 인명 피해와 재산 손실이 있었
음에도 다시 일어서는 인도네시아 니아스 사람들처럼. 천정
은 자매와 같이 질병의 고통 가운데 있어도 절대 끝이라고 생
각하지 않는 사람들처럼.

예수님이 가신 그 길을 따라가다 보면 마침내 자신의 세속
적 죽음과 직면하는데, 그분의 생명 곧 죽음과 부활을 아주
선명하게 보게 된다. 그래서 환경에 절망하거나 굴복하지 않

고 제자의 길을 묵묵히 걸어갈 수 있다.

　교회 안의 불신자는 교회로 들어가는 좁은 문은 열었으나 여전히 좁은 길을 걸어가지 못한다. 그들은 사두개인이나 바리새인처럼 부활을 믿고 영생을 믿지만 겉으로 믿는다. 그래서 항상 죄와 고통의 사슬에 묶여있다.

> 우리가 항상 예수의 죽음을 몸에 짊어짐은 예수의 생명이 또한 우리 몸에 나타나게 하려 함이라 우리 살아있는 자가 항상 예수를 위하여 죽음에 넘겨짐은 예수의 생명이 또한 우리 죽을 육체에 나타나게 하려 함이라 고후 4:10,11

　예수님을 따르는 삶은 희생의 삶이다. 희생은 반드시 다른 사람을 향한다. 자신을 위한 희생은 존재하지 않는다. 희생을 하면 수혜자가 있기 마련인데, 자신을 위해 희생하면 이미 수혜자가 사라진 상태이므로 자신을 위한 희생은 불가능하다.

　다른 말로 표현하면 '백색 순교의 삶'이라고 할 수 있다. 순교에는 적색 순교와 백색 순교가 있다. 적색 순교는 피를 흘리는 순교이고, 백색 순교는 날마다 자기를 쳐서 복종시키는 삶이다.

　순교란 죽음의 위협과 배교(背敎)를 강요당하는 순간에도 예수와 복음을 위해 기꺼이 죽음을 선택하고 죽임을 당하는 것이다. 이와 같은 처절한 죽음이 있는 세상은 전쟁터다. 영적 전쟁이 날마다 일어나는 현장에서 우리가 취할 자세는 순교적 자세다.

오늘날에도 전혀 없지는 않지만, 과거처럼 피를 흘리는 적색 순교는 많지 않다. 특히 우리나라는 신앙의 자유가 있다. 그렇다면 순교의 삶을 살 수 없는 것일까? 그렇지 않다. 바울처럼 매일 자신과의 싸움에서 이기고 예수님을 따라가는 백색 순교의 삶이 있다.

형제들아 내가 그리스도 예수 우리 주 안에서 가진 바 너희에 대한 나의 자랑을 두고 단언하노니 나는 날마다 죽노라 내가 사람의 방법으로 에베소에서 맹수와 더불어 싸웠다면 내게 무슨 유익이 있으리요 죽은 자가 다시 살아나지 못한다면 내일 죽을 터이니 먹고 마시자 하리라 속지 말라 악한 동무들은 선한 행실을 더럽히나니 깨어 의를 행하고 죄를 짓지 말라 하나님을 알지 못하는 자가 있기로 내가 너희를 부끄럽게 하기 위하여 말하노라 고전 15:31-34

그러나 교회 내의 불신자는 이런 삶을 이해하지 못한다. 받을 복만 기대한다. 순교자 신앙을 갖는다는 것은 말이 아닌 몸으로 구하는 실질적인 믿음을 말하는데, 이는 삶의 가치를 하늘에 둔다는 의미다. 성도에게는 영생 이외에 더 큰 축복이 없기에 믿음은 자기를 하나님께 드리는 것이다.

그래서 바울은 고린도 교인들에게 마게도냐 교인들을 칭찬하며 "그들은 먼저 자기를 하나님께 드린다"라고 했다(고후 8:5). 특히 사역자가 이 부분에 민감하지 않으면 성도들을 기복(祈福)신앙으로 몰고 간다.

그래서 예배당에 앉아 소원을 이루기를, 문제를 해결 받기를, 병을 고치기를, 자식이나 사업이 잘되기를 구한다. 또 하나님의 이름을 끌어내려 끊임없이 남 위에 자기를 세우려 한다. 이는 믿음의 가치를 총체적으로 변질시킬 위험이 있다.

우리에게 희생의 삶을 살고자 하는 의지가 있다면 날마다 순교적인 자세를 유지해야 한다. 오늘날에도 순교가 존재하느냐는 질문을 가끔 받는데, 순교는 여전히 존재한다.

아웃트로

산고의 고통

이용규

로마 일정을 마치고 김상철 감독님과 편집팀은 바쁘게 편집 작업에 들어갔다. 이 작업을 하려면 재정적인 뒷받침이 계속 되어야 했다. 나도 여러 루트로 도울 분들을 찾았다.

인도네시아의 사역을 위해서도 후원이 필요했지만, 이 영화 사역도 영혼을 살리기 위해 필요한 사역임이 분명했기에 또 하나의 짐을 지고 가야 했다. 하지만 재정적인 필요는 채워질 듯하다가도 채워지지 않고 시간만 흘렀다.

2019년 가을, 방송국 시사를 얼마 남겨놓지 않은 가운데 김 상철 감독님과 토론토 코스타에서 같이 강사로 섬기게 되었다. 감독님은 재정적인 짐을 버겁게 느끼며 많이 지쳐 보였다. 코스타에서 내 말씀은 '믿음의 최후 승리'에 대한 것이었다. 그 가운데 두 사람 모두 하나님을 믿으며 끝까지 갈 수 있도록 위로와 권면을 받게 되었다.

그때 이후로 방송을 위한 다큐멘터리 작업이 난관을 만날 때마다 하나님의 최후 승리를 계속 묵상하며 기도로 나아갔다. 늘 이런 종류의 사역에서 경험하듯 마지막 순간에 극적으로 재정이 채워져 갔다.

한편 몇 차례 연기되었던 편성을 위한 시사 결과, 제작 초기의 계획과는 달리 어렵다는 소식이 전해졌다. 작품 자체는 일반 방송 다큐멘터리의 수준을 뛰어넘는 탁월한 것이라고 평가를 받았으나 성탄절 편성 불가로 결정되었다.

결국 몇 가지 외부 요인 때문에 외주 작품인 〈부활〉의 공중파 채널을 통한 방송은 포기를 해야 하는 상황에 이르렀다. 촬영팀의 낙담이 크겠다는 생각이 들었다. 그때 내 마음속에 맴돌았던 단어도 역시 '최후 승리'였다. 그래서 부활 카톡방에 글을 남겼다.

"하나님이 하나의 길을 막으시는 건 다른 길을 여시기 위함입니다."

신기하게도 이 상황이 끝이 아니라 다음을 위한 징검다리라는 마음이 계속 들었다. 하지만 모든 방송사가 성탄절 편성 회의를 끝낸 시점이었기에 2019년 말에 〈부활〉이 방영되는 건 불가능해 보였다.

어느 정도 시간이 흐른 뒤, 김상철 감독님이 MBC에서 성탄절 새벽 1시에 방송하기로 결정되었다고 했다. 이야기를 들어보니 MBC에서 방영 결정이 난 게 기적이었다. 편성회의가 끝난 뒤에 그 결정을 뒤집고 다른 작품이 들어가는 경우는 거의 없다고 했다.

그런데 감독님의 사역을 늘 응원하는 피디가 한 분 있었는데 그 분이 〈부활〉을 방영하지 못하게 된 것을 아쉬워하며 MBC의 지인 피디에게 소개했다고 한다. 그 피디가 이 작품에 빠져서 예닐곱 번을 보았는데, 볼 때마다 새로운 감동이 있었다고 한다.

그래서 이 작품이 MBC에서 방영되도록 많은 단계의 허가 작업과 절차를 거쳐주었다. 유일하게 뺄 수 있는 시간대가 새벽 1시였는데, 모든 절차가 놀랍게 통과되어서 최종 허가가 나왔다고 했다.

새벽 1시, 그야말로 가장 어두운 시간에 방영되었다. 그런데 이 시간대에 방영이 되었음에도 평소의 열 배에 해당하는 시청률이 나왔다고 한다. 대략 50만 명이 시청했고, 다시 보기를 통해서도 그에 못지않게 시청이 되고 있다고 한다. 이 작품을 계기로 신앙을 갖게 되었다는 간증도 들었다.

최후 승리를 믿으며 사는 삶은 두려움이 없는 삶이다. 끝을 바라보고 사는 삶은 지혜로운 삶이다. 그것이 초대교회 교인들이 살았던 모습이다.

천정은 자매의 삶이 보여주듯이 하나님과 함께라면 그분과 함께하는 마지막 걸음이 축복이 된다. 죽음 너머의 소망을 보는 사람은 죽음을 담대하게 이길 수 있다. 또한 이 세상의 모든 짐에서 자유하는 법을 배운다. 우리 함께 "내 삶의 끝에 기다리고 있을 최후 승리와 하나님 앞에 서는 영광이 믿어지게 해주십시오"라고 기도하자.

앞에서 김상철 감독님은 고통을 만났으나 부활 신앙으로 그
고통을 아름다운 순종과 헌신으로 승화시킨 믿음의 사람들
의 이야기를 나눠주었다. 상흔이라는 단어를 키워드로 이 이
야기에서 공통적으로 보이는 십자가의 상처가 승화되어 별이
되고, 부활의 증거가 된 실례를 들어주었다.

상흔, 곧 스티그마라는 라틴어는 현재 영어로 와서는《주홍
글씨》같은 작품에서 보듯이 '낙인'이라는 부정적인 의미로
사용되기도 한다. 그러나 이어령 교수님이 사용하신 라틴어
로서의 스티그마는 예수님의 십자가 흔적을 표현하기 위한
성경 용어이다.

스티그마는 구약성경의 아브라함 이야기에 등장하는 고대
중동 지역의 언약 전통의 한 이미지를 연상하게 한다. 창세기
에서 하나님은 아브라함에게 고향 집을 떠나 하나님이 기업
이 되는 나그네 삶의 여정을 떠나게 하신다. 그리고 하나님
은 그분께 순종한 아브라함과 언약을 맺으신다.

그 언약의 방식은 이러하다. 암소, 암염소, 숫양, 산비둘기와 집비둘기 새끼를 가져다가 중간을 쪼개어 두 쪽으로 갈라놓고 그 사이로 지나간다. 보통 고대 중동의 언약 방식은 언약을 맺는 두 사람이 같이 그 사이로 지나가는 것이었다. 이는 만약 둘 중 한 명이 약속을 어기면 그 쪼개진 동물과 같이 희생되리라는 뜻이다.

그런데 그 언약에서는 하나님 혼자서 지나가신다. 스스로 언약의 완성을 책임지신다는 의미이다. 즉 언약의 성취를 책임질 능력이 없는 아브라함 대신에 하나님 당신이 언약의 성취를 이루되, 그렇게 되지 않을 경우에는 모든 책임을 지신다는 의미이다. 우리가 지은 모든 죄의 책임을 하나님이 대신 지신다는 마음을 표현하신 것이다.

우리와 하나님 간의 영원한 관계를 회복하기 위해 그분이 전적인 책임을 지신다. 그 책임감이 궁극적으로 완성된 표현이 예수님의 십자가이다. 고대 중동의 언약에서는 그렇게 언약하는 당사자들이 칼로 손을 그어서 피를 냈다. 피를 섞는 연합 관계가 되는 것이다. 그리고 손에 난 상처의 상흔은 언약의 표징이 되었다.

그들은 강도를 만나거나 외부의 적들이 쳐들어온 경우, 그 손을 들어 상흔을 보였다. 그것은 '내 뒤에는 나와 언약 관계를 맺은 집단이 있다. 나를 공격하는 건 그들을 상대해야 한다는 뜻이다'를 의미한다. 그 상흔은 그가 누구와 연합했는지, 누구 편인지를 보여준다.

예수님의 십자가 상흔은 우리와 언약을 완성하기 위해 하나님 쪽에서 치르신 일방적인 희생의 표징이다. 예수님의 십자가 사랑을 받고 그분과 연합 관계에 들어가는 건 예수의 흔적을 가지는 것을 말한다. 바울이 "내 몸에 예수의 흔적을 지니고 있다"(갈 6:17)라고 표현한 것도 그런 맥락에서 이해할 수 있다. 그리고 예수님의 상흔을 통해 증명된 부활은, 바로 우리와의 영원한 관계를 회복하기 위한 언약의 완성이다.

예수님을 따르는 삶에는 희생이 따르기도 한다. 또한 그 희생과 고통의 상처는 상흔을 남기기도 한다. 그 상흔은 우리가 누구와 언약을 맺었는지를 보여주는 표징이 된다.

김상철 감독님은 사도 도마가 만져보았던 예수님의 구멍 난 손을 특수효과로 표현하고 싶어 했다. 예수님의 그 상흔은 십자가 이후의 부활을 가장 상징적으로 보여주는 표징이기 때문이었다.

우리는 촬영 여정 중에 이 구멍 난 손을 만난 적이 있다. 인도 바라나시에서 우리의 여정을 도와준 사역자들과 만나 인터뷰하기 위해 찾은 'Open Hand'라는 카페의 로고를 보면서 놀라움을 금치 못했다. 바로 구멍 뚫린 예수님의 십자가였다.

이 로고는 바라나시를 떠나 도마의 유적을 찾아서 첸나이로 이동하려던 우리 일행에게 하나님이 인도하시는 구름 기둥 같았다. 특수효과 작업에 너무 많은 재정이 들어가기에 방송용 프로그램을 제작할 때는 하지 못했지만, 김상철 감독님은 예수님의 손에 난 못 자국 안에 아기 예수가 보이는 장면을 만들고 싶어 했다.

그런데 이 상흔에 대해 묵상하면서 그 상처는 바로 하늘 아버지의 마음에 있던 상처라는 것을 깨달았다. 아담의 범죄 사건 이후 인간과의 깨어진 관계로 인해 이미 오래전부터 그분의 마음에 생긴 못 자국인 것이다. 아브라함과의 언약에서 보여주신 하나님의 비장한 마음 또한 예수님의 손에 난 못 자국을 통해 확인되었다. 그 못 자국은 하나님의 아픈 마음의 표징이었다.

오픈 핸드 카페 (인도 바라나시)

오픈 핸드 카페에서

그 상한 마음이 향한 곳은 바로 잃어버린 자들이다. 그 손바닥의 상흔에 담긴 것이 있다면 그것은 바로 잃어버린 자의 이름, 바로 나 자신의 이름이었을 것이다.

고통의 극복이 어떻게 가능했을까?

김상철 감독님이 나눈 고통을 넘어선 많은 선교사의 이야기를 접하는 독자들은 의문을 가질지 모른다. '어떻게 그것이 가능할까'라고. 부활을 경험한 사람들은 어떻게 해서 고난을 이길 수 있었을까?

나는 아직 극단의 아픔을 경험한 적은 없지만, 선교지에서 많은 고통의 현장을 통과하면서 그 과정이 어떤지 어느 정도 이해할 수 있었다. 우리가 예수의 부활과 우리 몸의 부활을 배우고, 그것을 사실로 인정한다고 해서 바로 고난을 이기는 믿음을 갖게 되는 건 아니다.

어떤 사람은 내생의 약속 때문에 현실의 어려움을 감내하게 될지 모른다. 그러나 대다수의 경우, 부활의 약속을 믿는다고 해도 내생의 약속 외에 현실에서의 편안함과 성취와 번영을 원하기 마련이다. 나중에 받게 될 더 큰 약속을 얻기 위해 지금의 작은 것을 포기하기가 쉽지 않다. 가능하면 둘 다 포기하지 않고 누리고 싶다.

실은 부활을 믿는다는 건 나를 위해 자신을 희생하신 하나님의 사랑이 믿어지는 것을 의미한다. 하나님은 사람을 창조하실 때부터 무한한 사랑으로 첫 사람 아담을 만드셨다. 그런데 그가 죄를 지으면서 거룩하신 하나님과의 관계가 단절되었고, 죽음과 어두움의 그늘이 사람을 덮었다.

아담이 지은 죄로 인해 겪어야 할 아픔과 죽음 때문에 가장 큰 고통을 당한 피해자는 아담이 아니라 하나님이었다. 자식이 반항하며 가출하고 죄를 지어 그 결과로 파멸되어 갈 때 가장 고통을 당하는 사람이 자식보다 그 부모이듯이. 그 사랑 때문에, 하나님은 사람의 죄의 문제를 해결하고 다시 사랑의 관계를 회복할 방법을 찾으셨다.

사람들이 하나님에게 그리고 서로에게 지은 죄를 해결하기 위해서는 누군가 값을 지불해야 했다. 하나님은 사랑하는 인간이 깨어진 관계 속에서 영원한 죽음을 맞는 것이 너무나 고통스러웠기에 그를 구하기 위해 자신을 희생하여 죗값을 치르는 방법을 택하셨다.

선지자들을 통해 약속하신 영원한 구원을 이룰 방법으로 자신의 분신인 아들을 이 땅에 보내어 그 희생을 대신 치르게 하셨다. 하나님은 우리와의 영원한 단절보다는 차라리 자신이 희생하는 쪽을 택하셨다. 잘못은 우리가 했지만 대가는 하나님이 치르신 것이다.

사람이 사랑받을 특별한 자격이 있어서 사랑한 것이 아니라, 그 존재 자체를 사랑하시는 하나님의 속성 때문에 가능한 희생이었다. 그리고 그 아들을 다시 살리는 기적을 통해 하나님은 그분의 사랑과 약속의 신실함을 믿는다면 우리도 이와 같이 영원한 삶으로 인도받을 수 있음을 증거로 보이셨다. 대가 없이 주어진 그 사랑을 받았음이 믿어지는 사람은 그 사랑에 반응한다.

우리 인생에 일어난 어떤 불행에도 불구하고 우리가 하나님을 원망하지 않을 수 있는 이유는, 우리의 죄를 되갚기 위해 하나님 쪽에서 일방적으로 치른 희생이 우리가 겪는 그 어떤 아픔보다 크다는 사실이 믿어지기 때문이다.

십자가와 부활을 자신의 삶의 경험으로 수용한 사람들은 그 삶의 과정에서 고난이 수반된다는 것을 안다. 예수님을 사랑하는 삶의 과정에 피할 수 없는 고통이 있음을 안다. 그 십자가와 부활의 사랑이 믿어지고, 자신을 향한 사랑 때문에 하나님이 어떤 대가를 치르셨는지 믿어지기에 그 고통을 수용하는 과정을 갖게 된다.

오히려 고통을 통해서 하나님이 나를 사랑하셨던 사랑이 더 깊이 각인된다. 또한 그 사랑이 믿어지기에 고통과 죽음 너머에 기다리는 하나님의 빛에 대한 소망을 키워간다.

부활을 믿는다는 것은 무엇일까? 하나님의 약속이 지켜졌다는 사실과 하나님이 나와 영원히 특별한 사랑의 관계 속에서 함께하기를 원하시며 그 사랑을 계속 부어주기 원하신다는 사실을 믿는 것이다. 그래서 부활을 기억하고 기념한다는 것은 신실하게 언약을 완성하기까지 보여주신 나를 향한 하나님의 희생적인 사랑에 감사하고, 그것을 특별히 귀하게 여기며 사는 것을 말한다.

이 땅에서 부활을 준비하고 그 이후를 살아간다는 것은 무엇일까? 내게 있어서 부활은 단순히 다시 살거나 영원히 사는 게아니라 하나님과의 연합된 관계 안에서 영원히 함께 거하는것이다. 다시 말해 부활은 관계와 삶의 방식에 대한 것이다.

그래서 부활은 죽음 이후에 경험하는 게 아니라 이 땅에서 연습하며 살아가는 과정을 포함한다. 부활의 삶이란 하나님나라를 사는 것인데, 하나님나라는 하나님의 주권이 임하는 곳이다. 그것은 하나의 시스템이나 구조가 아니라 삶의 방식에대한 것이다. 하나님의 관계 방식이 우리의 관계를 덮어버리고 주도하는 것이라고 생각한다.

우리가 다시 살게 되어 수백만 년이 지난 어느 시점, 우리는이 땅의 삶 가운데 무엇을 기억할까? 한국 축구가 월드컵에서 몇 등까지 올랐는지, 주식 투자로 얼마나 큰 손실을 보았는지 기억할까? 새 자동차를 사서 기뻐했던 순간이나 올해아카데미 작품상을 누가 받았는지는 우리의 영원한 삶에 그리 중요하지 않을 것이다.

하지만 우리의 짧은 삶 가운데 일어난 일들 중 어떤 것들은 영원한 삶에 영향을 미친다. 우리의 구원과 부활 그리고 하나님과의 관계가 가장 중요한 일이 될 것이다. 그래서 나는 매일 삶에서 그것을 준비하면서 살아가려고 노력한다.

선교지에 학교와 건물을 세우지만, 하나님 앞에 설 때 나는 그것들을 들고 설 수 없다. 내가 많은 시간을 들여 책을 쓰고 설교하지만, 책이나 설교문을 들고 서지도 못한다. 내가 쌓아놓은 업적이나 사역 리스트들을 가지고 서지도 못한다.

하지만 내가 들고 갈 수 있는 것이 있음을 안다. 나는 그것을 날마다 쌓아간다. 내가 그분이 주신 사명을 가지고 씨름하면서 믿음으로 반응하는 가운데 경험한 그분의 성품 그리고 그분과 쌓아간 특별한 추억의 관계이다.

나만이 가진 그분과의 사연과 눈물의 시간과 찐한 경험은 부활 이후에도 영원히 남는다. 그에 더해 그분을 닮게 된 내 성품을 영원의 삶 가운데 가져갈 것이다.

그리고 한 가지가 더 있다. 우리가 하나님의 사랑을 깨닫고 하나님과 온전한 관계 속으로 들어가면 반드시 주변 사람들

과의 관계에도 성장이 일어난다. 우리의 삶이 영원으로 들어
갈 때, 이 땅에서 맺는 수많은 관계는 매우 중요하다. 우리의
영원한 삶에 영향을 미칠 이 관계들을 이 땅을 살아가는 동안
더 소중히 여기며 세심한 관심을 기울일 필요가 있다.

어찌 보면 우리에게 준비된 의의 면류관 가운데 하나가 우리
가 하나님 안에서 맺은 관계가 될 것이다. 그래서 예수님의
부활을 인격적으로 경험하면 그 순간부터 부활을 살아가게
된다.

믿을 만한 증거, 부활

―

김상철

〈부활〉을 만들면서 나를 몹시 부끄럽게 한 출연자들이 있다. 그중 한 명을 꼽으라면 모태신앙으로 살아온 스물여덟 살 서수지 자매다.

그녀는 부활에 대해서 자신이 깨달은 내용을 고백했다. 나는 어느 목회자나 사역자보다도 명확하게 부활 복음을 이해하고 설명해내는 그녀에게 놀라움을 금치 못했다. 한편으로는 대견하고 기뻤다.

직장에서는 교사로, 교회에서는 주일학교 교사로 섬기는 수지 자매는 겉으로는 모범적인 신앙인이지만 속으로는 하나님에 대한 불신과 원망이 폭발했다고 한다. 그녀는 '하나님이 정말 살아계실까?'라는 근원적인 질문에 봉착한 때가 있었다고 고백했다. 그 갈등은 상당 기간 지속되었는데 훗날 부활하신 예수님을 깊이 알게 되면서 문제가 해결되었다고 했다.

우리는 주변에 예수님을 믿으라고, 예수님은 좋은 분이라고 복음을 전한다. 그런데 왜 좋으냐는 질문에 말문이 막힐 때가 적지 않다. 그냥 예수님이 우리를 위해 죽으셨기 때문이라고 하면서 흐지부지 끝내버린다. 우리는 때로 의심이 생기더라도 무조건 믿고 인정해야 한다고 생각한다. 그것은 온전한 신앙이라고 보기는 어렵다.

믿음은 상대방으로부터 받는 것이지 아무리 '내가 믿어야지' 하고 결심한들 믿어지는 것이 아니다. 어떤 사람이 나를 보고 '저 사람을 믿겠다'라고 마음먹는다고 해서 믿어지지 않는다. 내가 믿을 만한 행동을 보여줘야 믿을 수 있다. 예수님도 "무조건 나를 믿으라"라고 하지 않으셨다. 부활이라는 증거를 주셨다.

제자들의 모든 삶은 부활 이전과 이후로 나뉜다. 베드로는 "주는 그리스도시요 살아계신 하나님의 아들이십니다"라고 고백했지만 예수님이 "내가 죽었다가 삼 일 만에 살아날 것이다"라고 하시자 그 고백을 잊어버리고는 "안 됩니다. 죽지 마십시오"라고 했다. 사실 예수님이 하나님의 아들이며 부활하실 거라고 온전히 믿었다면 그렇게 말할 수 없었을 것이다.

예수님이 사흘 만에 부활하실 거란 이야기가 믿음으로 받아들여지지 않으니까 "죽지 마십시오"라고 한 것이다. 예수님을 따라다니면서 많은 기적을 체험한 제자들은 그분을 스승, 랍비, 위대한 선지자로서 믿었을지는 몰라도 '나를 지으신 하나님, 우주를 만드시고 나를 위해 이 땅에 오신 하나님의 아들'인 것을 믿지 않았다.

제자들은 나중에 예수님이 부활하신 후에야 믿었다고 기록되어 있다. 보지 않으면 믿지 못하는 우리 인간들을 위해 하나님이 이 땅에 오셔서 당신의 존재를 나타내시고, 성경에 예언된 대로 죽으시고 부활하셔서 어떤 사람도 부정할 수 없게 증거를 주셨다.

이는 정하신 사람으로 하여금 천하를 공의로 심판할 날을 작정하시고 이에 그를 죽은 자 가운데서 다시 살리신 것으로 모든 사람에게 믿을 만한 증거를 주셨음이니라 하니라 행 17:31

사도행전 17장에도 모든 사람에게 믿을 만한 증거를 주셨다고 한다. 예수 그리스도를 죽은 자 가운데서 다시 살리셔서 모든 사람이 믿을 수 있는 증거를 주신 것이다. 우리에게도 주셨고 헬렌 로즈비어, 엘리엇 테퍼, 천정은 자매에게도 주셨다.

그로 인해 하나님에 대해 희미했던 믿음이 선명해졌다. 부활에 대한 믿음과 신앙은 삶에서 나타나야 한다. 그것이 바로 경건의 삶이고 주님께로 걸어가는 제자도일 것이다.

전도는 증인의 삶을 사는 것에서 시작된다. 죽음 너머의 빛을 소망하며 기꺼이 십자가를 지는 삶이야말로 부활을 목격한 증인의 삶이 아닐까.

나를 〈부활〉 영화팀의 감독으로 세워주신 주님이 내게 무엇을 원하시는지 알고 있다. 부족하고 작은 자, 아주 바보스러운 내가 해야 하는 일은 단 하나다. '우리들의 희생과 믿음의 힘을 합해 부활의 증인으로 사는 일'이다.

기꺼이 함께해주신 이용규 선교사님과 권오중, 이성혜 님 그리고 부활 복음을 알려야 한다는 열정으로 도전을 주신 김성로 목사님, 천정은 자매님, 이선일 원장님과 김정미 권사님께 감사를 드린다. 그리고 이탈리아에서 함께해주신 이은주 자매님과 남편 알레, 딸 쟈스민에게 감사드리며 마지막으로 이어령 교수님께 감사를 드린다.

지금 이 교수님이 만나고 계신 죽음, 그 죽음을 기록하는 여정에서 부활의 참된 기쁨이 함께함을 느꼈다. 짧은 인생에서 이렇게 강렬한 메시지를 주시는 분을 만나는 일은 예수님이 주시는 특권임을 알기에 더 깊이 부활을 묵상할 수 있었다.

"우리와 더불어 예수께서 부활하심을 증언할 사람이 되게 하여야 하리라 하거늘"(행 1:22)이라는 말씀이 있듯이 우리는 모두 부활의 증인이다. 그러므로 "함께 부활의 증인으로 살아가자"라고 손 내밀고 싶다. 우리 주님 오실 때까지….

어떤 사람들은 교회의 종소리를 들으며 살기 원하지만,
나는 차라리 지옥문 앞에서 죄인들을 구원하는 가게를 차리고
싶다.
— C. T. 스터드

부록

부활의 증거에 대한 여러 확증이 있지만 잘 요약된 글을 소개한다 (2017 기독교 변증 컨퍼런스 '예수 부활, 허구인가? 역사적 사실인가?' 〈크리스천투데이〉 기사 중 발췌).

예수에 대한 기록의 역사적 신뢰성

예수에 대한 기록과 세계 종교 창시자들의 역사 기록, 그리고 동서양 고대 인물들의 역사 기록을 함께 비교할 때 그 역사성을 자세히 알 수 있다. 성경에 대한 기록을 의심하는 사람들이 있는데, 일반 역사 속 예수의 기록을 살핌으로써 그 역사적 신뢰성을 명확하게 알 수 있다.

고대의 종교 경전들은 모두 구전 전승 기간을 갖고 있다. 즉 각 종교 창시자들의 가르침은 일정 기간 구전으로 전승됐다가, 후대의 어느 시점에 문서로 기록된 것이라서 역사적 사건들의 구전 기간이 짧으면 짧을수록 그 가르침의 내용은 변질되지 않은 역사적 사실에 가깝다.

예를 들어 단군 신화는 B. C. 2333년으로 알려져 있는데 3,600

여 년 후인 A.D. 1281년 일연 승려에 의해 기록됐다. 조로아스터교 창시자인 자라투스트라 스피타마(조로아스터)도 B.C. 1400-1000년경 살았던 인물이나, 그의 이야기가 문자로 기록된 시기는 A.D. 3세기 경이다. B.C. 6세기에 살았던 부처의 가르침도 대부분 A.D. 1세기에 기록됐고, A.D. 570-632년 살았던 이슬람교 창시자 무함마드의 가르침도 최소 20년에서 200년 후 기록으로 완성됐다.

반면 예수의 생애와 가르침을 기록한 사복음서는 예수의 죽음과 부활 후 30-60년 사이 기록됐고, 사도 바울의 가르침은 이보다 더 빠른 18-35년 사이 쓰였다. 이처럼 예수에 대한 역사적 기록은 세상 어느 종교들보다 매우 짧은 구전 전승 기간을 갖고 있으므로, 예수에 관한 기록은 세계 어느 종교의 경전들보다도 탁월한 역사성을 갖고 있다고 할 수 있다.

만약 이러한 기록이 엉터리라면, 다른 종교의 경전들도 모두 엉터리일 것이다. 예수의 행적을 기록한 '사복음서'는 동서양 고대 인물들의 역사 기록들과 비교해봐도 훨씬 정확하다.

중국 공자의 생애에 관한 전기는 사마천의 《공자세가》인데, 공자가 죽은 B.C. 479년보다 최소 375년 이후 쓰였다. 노자의

《도덕경》도 저작 시기를 분명히 알 수 없고, 200-300년간 수정과 삭제를 거쳐 오늘에 이르렀다. 알렉산더 대왕의 전기도 400년 후에야 기록됐고, 예수 당대 황제였던 티베리우스에 관한 타키투스와 수에토니우스의 역사서조차 80년 후에 나왔다.

전설이나 신화를 연구하는 학자들에 의하면 하나의 역사적 사건이 신화로 발전되려면 최소 두 세대(60년) 이상의 시간이 걸린다는데, 신약성경은 예수의 죽음 이후 18-60년 이내에 거의 다 완성돼, 전설이나 신화가 발생할 시간적 여유가 없었다. 뿐만 아니라 예수에 관한 기록은 동서양 고대 인물들과 비교할 수 없을 정도로 뛰어난 역사성을 갖고 있으므로, 신약성경은 실제 역사 속에 살았던 예수의 생애와 가르침을 실제 그대로 우리에게 전달해준다.

'일반 역사'에 나타난 예수의 기록에 대해서는 유대인 역사가 요세푸스와 로마 역사가 타키투스, 로마의 지방 총독 플리니와 루기안 등의 기록에서 찾아볼 수 있으며, 《바빌론 탈무드》에도 예수에 관한 기록이 나온다. 이처럼 신약성경이 아니더라도 예수의 생애에 대한 기록은 얼마든지 찾을 수 있다.

'역사적 예수' 권위자인 게리 하버마스 박사에 따르면 예수의 생애에 관한 고대 자료는 45개에 달하며, 이 중 비그리스도인들의 자료만 17개라고 소개한다. 반면 부처에 관한 기록은 불경에만, 공자의 생애는 《공자세가》에만, 무함마드의 생애는 이슬람 문서에만 등장한다. 그러므로 고대 종교 지도자들 중 예수만큼 다양하고 신뢰성 있는 일반 역사 기록을 가진 인물은 없다.

예수 부활의 역사적 증거 4가지

예수의 부활을 연구하는 수많은 학자들이 자유주의자나 보수주의자 할 것 없이 모두가 동의하는 역사적 사실이 4가지 있다.

첫째, 예수는 십자가에서 죽어서 무덤에 묻혔다는 것이다. 예수가 십자가 처형 이후 죽어서 아리마대 요셉의 개인 무덤에 묻혔다는 사실에는 의심의 여지가 없다. 특히 예수의 무덤 위치가 알려졌다는 데 큰 의의가 있는데, 예수를 죽이기로 결정한 산헤드린 공회 의원 중 한 사람인 아리마대 요셉의 무덤에 묻혔다는 사실은 당시 제자들에게는 불리한 증언이었다. 그럼에도 사복음서가 일관되게 이 사실을 밝히는 것은 그 증언이 역사적 사실을 기초로 한다는 것을 반증한다.

둘째, 예수의 무덤은 빈 무덤으로 발견됐다는 것이다. '빈 무덤'은 부활의 강력한 증거인데, 이를 지지하는 증거는 ① 각각 다른 전승을 가진 사복음서 모두가 예수의 무덤이 비어있었음을 증언하고 ② 바울 이전 초기 기독교인들의 신경(Creed, 고전 15:3-8)이 예수의 무덤이 비어있었다는 사실을 지지하고 있으며 ③ 복음서는 빈 무덤의 최초 증인으로 여인들을 내세우고 ④ 1세기 당시 유대인들과 권력자들은 예수 무덤의 위치를 분명히 알고 있었고 무덤이 비어있었음을 시인하고 있다.

특히 ③에 대해 살펴보면 유대 법정은 여인들의 법적 효력이 전혀 없었기 때문에, 예수 부활의 목격자로 인정을 받으려면 제자들이나 다른 남자들을 내세우는 것이 훨씬 유리했을 것이다. 그러나 여인들이 부활을 목격한 첫 증인들이라는 사실에 기반을 두고 있다는 점은 복음서의 기자들이 역사적으로 있는 그대로를 기록하고 있음을 의미한다.

④에 대해서도 1세기 당시 유대인들과 그리스도인들 사이의 논쟁(마 28:11-15)을 잘 살펴보면, 양측 모두가 함께 인정하고 있는 것은 예수의 무덤이 비어있었다는 사실이었다. 제임스 던이나 역사가 마이클 그랜트 등 대부분의 비평적 학자들도 예수의 무덤이 빈 무덤으로 발견됐다는 사실은 인정하고 있다.

셋째, 개인과 그룹이 여러 번 부활하신 예수를 직접 본 경험을 했고, 그 사실을 확신했다는 것이다. 복음서 기록에 따르면

부활한 예수가 사람들에게 나타내 보이신 것을 증언하는 기록
은 ① 막달라 마리아와 다른 여자들(요 20:10-18, 마 28:8-10) ②
엠마오 도상의 두 제자(눅 24:13-32) ③ 열한 제자를 포함한 여
러 사람(눅 24:33-49) ④ 도마를 제외한 열 사도와 다른 사람들
(요 20:19-23) ⑤ 도마와 다른 사도들(요 20:26-30) ⑥ 제자들(마
28:16-20) ⑦ 승천하기 전 감람산에서 사도들과 함께(눅 24:50-52,
행 1:4-9) 등이 있다.

부활한 예수를 직접 만나본 사람이 무려 500명이 넘는다. 예
수의 제자들은 매우 특이한 주장을 했고 그것을 확신했는데 이
들은 예수의 십자가 당시 침묵으로 일관하다 갑자기 그의 죽음
이후 다시 살아나신 예수를 봤다고 주장하면서 그 사실을 목숨
걸고 전파했다. 예수가 죽은 후 부활해서 제자들에게 나타나셨
다는 사실은 처음 그리스도인들의 확신이었고, 현대 회의주의 학
자들조차 여기에 동의하고 있다. 제자들의 이 확신에 대해서는
실제로 부활한 예수가 나타났다는 설명 외에 다른 설득력 있는
설명을 할 수 없다.

넷째, 예수의 제자들은 부활한 예수를 만난 경험 때문에 삶이
급격하게 변화됐다는 것이다. 오늘날 누구도 예수 제자들의 급
진적 변화에 대해 부인하는 사람이 없다. 제자들은 예수가 십자
가에서 죽기 전 그를 떠났고 심지어 그를 부인하기까지 했으며,

당시 유대인의 보편적 메시아 사상에 의하면 메시아는 죽지 않아야 했기에 그들은 혼란 속에 있었다.

그리고 사후 세계에 대한 유대교 사상은 마지막 날 부활 전 그 누구도 부활할 수 없다고 믿었기에 제자들은 예수가 부활하리라고는 전혀 기대하지 못했고 그 사실을 믿는 것조차 어려웠을 것이다. 그런데 그 제자들은 예수의 죽음 이후 며칠이 못 되어 예수가 부활했고 자신들이 부활한 예수를 직접 봤다고 선포했다. 더욱이 부활 사건 이후 그들의 남은 생애는 완전히 바뀌었고 그들의 믿음 때문에 기꺼이 죽고자 했으며 실제로 많은 사람들이 순교 당했다.

신약성경은 제자들의 혼돈 상태와 자신의 목숨을 내걸 만한 확신을 갖게 된 사건 사이에 부활한 예수를 본 사건이 있었음을 명확히 밝히고 있다.

그리고 또 추가하면 부활에 대한 정황 증거들도 있다.
① 제자들이 죽기까지 그들의 믿음을 지켰다.
② 예수의 형제 야고보나 사도 바울 같은 회의론자들이 회심했다.
③ 동물 제사 폐지와 율법 대신 믿음 강조, 안식일 대신 주일 준수, 유일신론에서 삼위일체로 등 유대 사회의 전통과 사

회제도를 갑자기 변화시켰다.

④ 예수를 하나님의 아들로 고백하는 무리들의 모임인 교회들이 생겨났다.

이러한 정황 증거들은 예수의 부활을 증거하는 4가지 역사적 사실들과 함께 예수 부활의 역사성을 뒷받침해주는 강력한 증거다. 만일 예수가 평범한 인간이었고 예수의 부활이 거짓이었다면, 그 거짓말에 목숨을 걸면서 거짓 진리를 위해 자신의 모든 것을 바칠 사람이 몇이나 있었겠는가? 초기의 제자들은 예수를 직접 만났다는 확신을 가졌고 그 부활 신앙에 목숨을 걸었다. 이것은 부활이 역사적 사실이 아니라면 도저히 설명할 수 없다.

예수가 실제로 부활하지 않았다면 기독교 신앙 자체가 다 헛것이고, 부활이 정말 일어났다면 기독교의 모든 이야기는 사실 그대로일 만큼 부활 사건은 그 역사성 하나로 전체 기독교의 진위가 판가름 난다.

예수님의 부활 사건에 제기되는 대표적 7가지 의문점

1. 예수는 십자가에서 죽지 않고 잠깐 기절했을 수도 있지 않은가?
예수가 십자가에 못 박히기 전 이미 심한 채찍질로 저혈량성

243

쇼크 상태, 곧 과다 출혈로 고통을 겪어 거의 탈진 상태였고, 십자가에 두 손과 발이 못 박힐 때 모든 뼈가 어그러질 만큼 회생 불능 상태였다. 무엇보다 십자가에 장시간 매달려있는 것만으로도 질식하기 때문에 죽은 시늉을 할 수 없었다.

로마 군병들이 예수의 옆구리를 찔렀을 때 물과 피가 나왔다(요 19:34)고 증언하는데, 저혈량성 쇼크 상태에서 심장마비로 죽으면 심장 주위 막 조직에 액체가 고이는 심낭삼출 현상이 일어나고 폐 주위에 액체가 고이는 늑막삼출 현상이 생기기에, 예수의 옆구리를 찔러 오른쪽 폐와 심장을 꿰뚫었을 때 피와 함께 물로 보이는 액체가 쏟아진 것이다. 무엇보다 당시 로마 군인들은 사람을 죽이는 게 직업이었고 사형 집행의 전문가들이었기에 사람이 실제로 죽었는지 판단하는 데 어려움이 없었다. 로마 군대 규율에 십자가 처형을 받은 죄수가 죽지 않거나 중도에 도망가면 그 군인이 대신 죽임을 당해야 했다.

기절설의 주된 함정은 조금도 논리적이지 않다는 점이다. 만일 예수가 죽지 않고 무덤에서 다시 소생했다면, 깨어난 예수는 땀에 젖고 상처가 터져 흉한 모습으로 쓰러질 듯 비틀거리며 가는 곳마다 핏방울이 떨어져 흔적을 남겼을 것이다.

2. 예수를 실제로 무덤에 장사 지냈다는 증거가 있는가?

현장에는 예수가 죽기를 바라던 종교 지도자들이 있었고, 당시 로마 군인들의 임무는 그 결과를 확인하고 일을 마무리 짓는 것이었는데, 거기에는 시체를 매장하는 것까지 포함돼 있었다. 더구나 마태는 유대인 목격자들이 제자들이 시체를 훔쳐갔다고 말하면서 무덤이 실제로 비어있었다는 사실을 인정했다고 기록한다(마 27:57-65, 28:11-15).

3. 무덤에 있는 예수의 시체를 제자들이 훔쳐가진 않았을까?

제자들이 거짓말을 했다는 주장은 흥미롭게도 성경에 기록돼 있는 가설(마 28:11-15)로, 제자들이 예수의 시체를 무덤에서 훔쳐간 후 예수가 부활했다고 거짓말을 꾸며낸 것이라면 그 가짜 신념 때문에 목숨을 걸고 순교했을까?

예수께서 십자가에 달리실 때 제자들은 두려움에 떨며 숨어있었고 무덤에 갔던 여인들이 시신이 없어졌다고 해도 믿지 않았는데, 무슨 담대한 용기와 믿음으로 경비병들이 지키던 무덤에 찾아가 시체를 훔치는 무리한 시도를 했겠는가.

4. 제자들이 단순히 예수의 환영을 본 것은 아닐까?

여러 사람이 동일한 환영을 보는 일은 없다. 더구나 사도 바울은 예수를 직접 목도하기 전에 비신자였기에 환영을 만들어냈을 가능성도 없다. 게다가 일반적으로 환영은 경험자들의 삶을 바꿔놓지 못한다. 정말 환상이었다면 유대인들이 무덤에 그대로 놓인 예수의 시체를 꺼내 공개하면 그만이었을 것이다. 그들은 대신 시체를 훔쳐갔다는 거짓말을 퍼뜨렸다.

5. 사람이 죽었다가 다시 살아나는 건 비과학적이지 않은가?

이 주장은 무신론적 자연주의 철학에 근거한 것으로, 과학은 자연현상의 원인을 검증할 유일한 도구이지만 검증된 원인들 외에 다른 요인들이 일체 존재할 수 없다는 것까지 입증해낸 것은 아니다. 초자연적 원인에 따른 자연현상은 애초 불가능하다는 주장은 실험 모델이 없기에 과학적 소견이 아닌 철학적 가설에 불과하다.

6. 예수 부활 사건에 대한 성경 기록은 왜 일치하지 않는가?

빈 무덤 이야기에 관한 여러 개의 독립적 증거들이 존재한다는 사실을 보여주는 것일 뿐, 그 증거들 자체의 가치가 떨어지는 것이 아니다. 빈 무덤에 관한 이야기가 여러 개의 독립적인 이야기들로 존재하기에 어떤 역사가도 단지 부수적인 불일치나 모순된 표현들을 근거로 무덤이 비어있었다는 사실 자체를 무시할 순 없을 것이다.

7. 예수의 부활 사건은 꾸며낸 신화나 전설에 불과하지 않을까?

신약성경은 십자가와 부활 사건이 신화나 전설로 발전되기 전에 기록된 문서들로, 하나의 역사적 사건이 신화로 발전되려면 최소한 두 세대(60여 년)의 시간이 걸리는 것이 일반적이다. 복음서는 길게 잡아도 십자가 이후 30-60년 사이 완성됐고, 그 사이 구전이나 메모로 전승돼오던 것들이다.

그래서 지금까지 살펴본 의문점들이 정당성을 확보하기 어렵다면 남은 결론은 예수라는 한 역사적 실존 인물이 주후 1세기경 십자가에서 처형을 당하고 나서 그대로 죽어버린 채 생을 마감하지 않고 실제로 다시 살아났다는 것이다. 이것 말고는 그 어떤 합당한 결론도 내릴 수 없다.

예수의 부활 사건이야말로 인류 역사상 일어난 모든 과거의 사건들 가운데 확고한 증거가 가장 많은 사건이라는 말이 얼마나 정확하고도 믿을 만한 근거를 갖는지 인정할 수 있다.

부활

초판 1쇄 발행　　2020년 4월 20일

지은이　　　　　이용규 김상철

펴낸이　　　　　여진구
책임편집　　　　김아진 정아혜
편집　　　　　　이영주 김윤향 최현수 안수경 최은정
책임디자인　　　마영애 조은혜 | 노지현 조아라
기획 · 홍보　　　김영하　　　　　　　해외저작권　　기은혜
마케팅　　　　　김상순 강성민 허병용　마케팅지원　　최영배 정나영
제작　　　　　　조영석 정도봉　　　　경영지원　　　김혜경 김경희

이슬비전도학교　최정식　　　　　　　303비전성경암송학교　박정숙
303비전장학회 & 303비전꿈나무장학회　여운학

펴낸곳　　　　　규장

주소　06770 서울시 서초구 매헌로 16길 20(양재2동) 규장선교센터
전화　02)578-0003　　팩스　02)578-7332
이메일　kyujang0691@gmail.com　　　홈페이지　www.kyujang.com
페이스북　facebook.com/kyujangbook　인스타그램　instagram.com/kyujang_com
카카오스토리　story.kakao.com/kyujangbook
등록일　1978.8.14. 제1-22

ⓒ 저자와의 협약 아래 인지는 생략되었습니다.
이 출판물은 저작권법에 의해 보호를 받는 저작물이므로 무단 전재와 무단 복제를 할 수 없습니다.

책값　뒤표지에 있습니다.
ISBN　979-11-6504-077-2　03230

규 | 장 | 수 | 칙

1. 기도로 기획하고 기도로 제작한다.
2. 오직 그리스도의 성품을 사모하는 독자가 원하고 필요로 하는 책만을 출판한다.
3. 한 활자 한 문장에 온 정성을 쏟는다.
4. 성실과 정확을 생명으로 삼고 일한다.
5. 긍정적이며 적극적인 신앙과 신행일치에의 안내자의 사명을 다한다.
6. 충고와 조언을 항상 감사로 경청한다.
7. 지상목표는 문서선교에 있다.